はじめての
ストウブ

毎日の
おかず
80

上島亜紀＝著

ナツメ社

ストウブで毎日のごはんを
もっとおいしく、簡単に！

フランス生まれのストウブは、機能性はもちろん、デザイン性も優れた鋳物ほうろう鍋として大人気。ストウブでごちそう料理を作りたいと思う人も多いかと思いますが、特別な日だけでなく、もっと日常的にストウブを使ってみませんか？　ストウブの鍋は、厚みがあり、蓋が重いのが特徴ですが、この重みが料理をおいしく仕上げる秘密なのです。例えば、普通の鍋なら30分加熱する料理も、保温性の高いストウブなら、10分加熱して火を止め、10分蒸らすだけでしみしみの料理が出来上がります。また、肉や魚を焼くときは上質な鉄のフライパン、ごはんを炊くときは羽釜、無水調理のときは密閉性の高い鍋などが本来必要になりますが、ストウブなら、1台でこれらの調理器具の役割を何役もこなし、さらに光熱費の節約にもつながるという優秀な鍋なのです。この本では、日常使いに最適な20cmのストウブ ピコ・ココット ラウンドを使用し、少ない材料と短時間でできる副菜から、ふっくらジューシーな主菜、ふっくらもっちり炊き上がるごはんもの、カリッとサクッと仕上がるおいしい揚げ物まで、たくさん紹介しています。調理法は至ってシンプル。「焼いて蒸す」「炒めて蒸す」「煮て蒸す」「炊いて蒸す」というように、火を止めてから「蒸す」時間をポイントに、食材の旨味をグッと引き出しておいしく仕上げるレシピを豊富に紹介しています。この本をきっかけに、素敵なストウブの鍋で毎日のごはん作りがおいしく楽しくなりますように。

上島亜紀

CONTENTS

PART **1**

短時間＆少ない材料でできる
野菜の副菜

1 焼き野菜＆炒め物

2 蒸す・和える・サラダ

3 煮物・煮浸し

PART **2**

食材の旨味をグンと引き出す
肉と魚の主菜

1 とにかく食材を重ねて煮るだけ
（無水調理系）

2 材料を炒めて蒸すだけ

3 手軽でおいしい煮込み

5

ストウブの特徴って？

機能性とデザイン性に優れたストウブには、具体的にどんな特徴があるのでしょうか。
食材の旨味を最大限に引き出す本体や蓋に隠された秘密をひもといていきましょう。

この本では、20 ㎝ の
ストウブ ピコ・ココット ラウンドを
使っています

ストウブは、伝統的な鋳鉄の鍋にエマイユ（ほうろう）加工を施した鋳物ほうろう鍋。保温性、耐熱性があり、直火の調理はもちろん、オーブン加熱調理も可能です。そして、最大の特徴は、蓋の重さと蓋裏の突起部分（ピコ）。ストウブに食材を入れ、重みのある蓋をして密閉して加熱することで、食材から出た旨味を含んだ水分が蒸気とな

り、蓋裏についた突起を伝って、水滴となってまんべんなく食材に降り注ぐという循環を生み出します（アロマ・レイン）。これが、食材の旨味を最大限に引き出し、ふっくらジューシーに仕上げる秘密。「煮る・無水調理」「炒める」「焼く」「炊く」「揚げる」「オーブン調理」などさまざまな調理がストウブ1台で対応できるのも大きな特徴です。

ストウブの秘密

蓋
フラットで重い蓋が特徴。この重い蓋のおかげで密閉性が高まり、無水調理が可能に。

ピコ
ストウブの最大の特徴ともいえる蓋裏の小さな突起「ピコ」。重い蓋で密閉して加熱することで、食材の水分が対流し、蓋裏のピコを伝って全体に降り注ぎ、食材の香りと風味を閉じ込めます。

本体
重厚感のある鋳鉄で作られている鍋本体。熱伝導がよく、保温性に優れているので少ない熱で調理が可能。

この本のレシピは、20cmのピコ・ココットラウンドを使っています。このサイズは、2～4人分の調理に最適です。22cmのストウブを使用する場合は、この本のレシピでおいしく作れますが、レシピの「ひたひた」「かぶるくらい」といった水分量だけ確認してください。

← **20cm** →

24cm、26cmのストウブで作りたいときは、22cm同様、水分量に注意しつつ、火のあたりが強くなるので、加熱時間を短縮していただくか、または、作る分量を1.5～2倍くらいに増やし、加熱、保温の時間を長めにしてください。

黒マット・エマイユ加工
鍋の内側はザラザラとした独自のほうろう加工が施され、食材の旨味を凝縮し、極上の香ばしさを生み出します。細かな凸凹で油なじみがよく、食材との接点が少なく、焦げつきにくいのも特徴。

2台以上重ねるときは…

蓋を上下逆さにして本体に重ね、その上にもう1台のストウブをのせて収納が可能です。ただ、そのまま重ねると蓋に傷がつきやすいので、布巾を本体と蓋の間に挟みましょう。

ストウブの基本の使い方

本書では、20cmのストウブ ピコ・ココット ラウンドを使って
「焼いて蒸す」「炒めて蒸す」などの調理を基本にしたレシピを紹介しています。
基本の調理の流れを覚えましょう。

油をひいてから火にかける

まずは、ストウブ本体を中火にかけ、うっすら煙が出るくらいまで本体を十分に温めるのがポイント。こうすることで、鍋の保温効果を高めます。

肉や魚を焼く

油がよく熱されたら肉や魚を焼きます。両面の色が変わるまで焼き、火を通しすぎたくないときは一度取り出します。

野菜を焼く

肉や魚を焼いたら、野菜を加えてざっくりと油を絡めるように炒めます。このときも火加減は中火をキープ。

MEMO

火加減とIHのこと

本書で紹介する料理の火加減は、中火と弱火を基本にしています。レシピによっては、弱めの中火、強めの中火で加熱する場合もあります。ガスコンロの場合、中火は鍋底に炎の先が少し当たって鍋底から出ない状態を、弱火は鍋底に炎があたらないくらいの状態を指します。また、ストウブはIHでの調理が可能なのもうれしいところ。中火は10段階調整で4〜5、強めの中火は5〜6、弱めの中火は3〜4、弱火は2〜3を目安にするといいでしょう。

にんじんは塩をふって加熱すると甘味が増す

にんじんなどを無水調理するときは、塩をふってから蒸すと、浸透圧により、野菜の甘味や旨味が引き出されます。

薄切り肉は鍋をいったん火から下ろして入れる

薄切り肉は鍋にくっつきやすいので、鍋を中火で熱したら火から下ろして肉を入れ、油を絡めてから火にかけます。

 ④

焼いた肉や魚を戻す

一度取り出していた肉や魚は、この段階で戻し入れます。下の野菜は平らにならし、その上にまんべんなく並べます。

⑤

蓋をして加熱する

蓋をしたら火加減を弱めの中火にしてレシピ通りに加熱します。火を止めたら、そのままおいて余熱で火を通します。

⑥

仕上げに調味料を絡める

蓋を開けたら再び中火にかけ、調味料を加えて絡めるように焼いたり、炒めたりして仕上げます。

MEMO

煮るときの使い方は？

野菜の煮物や煮浸しのときは、鍋に食材を入れて調味料を加えてから中火で熱し、ひと煮立ちしたら蓋をして弱めの中火でレシピ通りに加熱し、火を止めてそのままおきます。重ね煮の場合は、肉や魚、野菜を重ねて調味料を加え、蓋をして中火でレシピ通りに加熱し、そのままおけばOK。煮込み料理や汁物・スープの場合は、基本の調理の流れと同様に。ただし、レシピによっておいしい状態に仕上げる作り方が違うので、その都度確認して作りましょう。

ストウブで作ると
こんなイイコト。

ストウブは、
1台で何役もこなす調理器具。
ストウブを毎日の食事作りに使うと、
こんなイイコトが待っています。
ストウブならではの利点を
知ることから始めましょう。

ストウブの優れた熱伝導、保温性で じんわりと食材を加熱するから おいしさを最大限に引き出します

熱伝導と保温性がとても優れているストウブは、食材をまわりからじんわり加熱するので、食材のおいしさを最大限に引き出し、ジューシーに仕上げることができます。また、ストウブは煮込み料理だけでなく、フライパン、鍋、蒸し器、揚げ鍋など1台で何役もこなせるので、本当に便利! 少ない食材でパパッと作る副菜やふっくらジューシーな主菜、具だくさんの汁物、ふっくらもちもちのごはんなど、キッチンに出しっぱなしにして、毎日ストウブを使いこなせば、時間をかけずにおいしい料理を作ることができ、食事作りがグンとラクになります。

ストウブで作るとイイコト5

1 ストウブひとつで いろいろな調理ができる!

焼き物、炒め物を作るときはフライパン、煮物や汁物を作るときは鍋、揚げ物を作るときは揚げ鍋…というように、それぞれの調理に合わせて調理器具が必要になりますが、ストウブなら、1台でこれらすべての調理をすることができます。焼き物は、肉や魚をカリッと焼き上げ、ふっくらジューシーに。煮物などは、食材の水分を上手に引き出すのでみずみずしく、ホクホクに仕上がります。食材を重ねて蒸す調理もストウブにおまかせ! 揚げ物もカリッとサクサクに揚がります。

2 ほったらかし調理が できるからラクチン!

ストウブの調理は「焼いて蒸す」「炒めて蒸す」「煮て蒸す」「炊いて蒸す」というように、加熱調理の後に蓋をして弱めの中火にかけて数分間加熱し、火を止めてそのまま数分間ほったらかしで出来上がるから、本当にラク!

3 無水調理で食材の甘味と 旨味をギュッと凝縮!

ストウブの最大の特徴ともいえる、蓋裏の突起(ピコ)のおかげで、食材の水分を引き出した蒸気が突起を伝って、水滴となってまんべんなく食材に降り注ぎます。食材の甘味と旨味がギュッと凝縮されてグッとおいしく!

4 食材が焦げつきにくく お手入れも簡単!

鍋の内側はザラザラとした黒マット・エマイユ加工だから、細かな凹凸で油なじみがいいのが特徴。焦げつきにくいので、お手入れも簡単! 万が一焦げてしまった場合は、重曹を使えば、簡単に焦げを落とすことができます。

5 ごはんがふっくら、 冷めてもおいしい!

ストウブで炊くごはんは本当においしい! これは、蓋裏の突起(ピコ)のおかげで水分が常に循環し、お米の旨味や香りを閉じ込めるから。厚手の鋳鉄で保温性がよく、熱がお米の芯まで入ることもポイントです。お米はふっくらもちもちの炊き上がりに。冷めてもおいしいのもうれしい。

この本の使い方

材料には、切り方、
下ごしらえを表示

全レシピに
工程写真を掲載

工程写真に該当する箇所に、
下線を引いているからわかりやすい！

- 本書では、ストウブのピコ・ココット ラウンド20cmを使用しています。作り方では鍋と表記しています。

- 材料は2人分を基本とし、作りやすい分量の場合もあります。

- 計量単位は大さじ1＝15mℓ、小さじ1＝5mℓ、1カップ＝200mℓ、1合＝180mℓです。

- 「少々」は小さじ1/6未満を、「適量」はちょうどよい量を入れること、「適宜」は 好みで必要があれば入れることを示します。

- 野菜類は、特に記載のない場合、皮をむくなどの下処理を済ませてからの手順で説明しています。

短時間＆
少ない材料でできる
野菜の副菜

しっかりと密閉される鍋の特性を生かし、
無水調理で蒸された野菜は、野菜本来の甘味や旨味がギュッと凝縮されて、
ゆでたときとは格段に違うおいしさを味わえます。

焼き野菜＆
炒め物

ストウブの優れた熱伝導で、
野菜にカリッと焼き色をつけ、
甘味と香ばしさが引き立つ一品に。

れんこんとベーコンビッツのステーキ

歯切れよく仕上がったれんこんがおいしい！

（ 材料 ） (2人分)

れんこん… 300g
　→一口大の乱切りにし、
　水にさらしてアクを抜き、
　水けをきる
ベーコン (厚切り) … 50g
　→1cm幅に切る
塩…小さじ⅓
粗びき黒こしょう…少々
オリーブオイル… 大さじ½

（ 作り方 ）

1 鍋にオリーブオイルとベーコンを中火で熱し、焼き色がつくまで焼く。れんこんと塩を加え、全体に油が回るまで炒める (**a**)。蓋をして弱めの中火で3分ほど加熱し、上下を返すように混ぜ、蓋をしてさらに3分ほど焼く。

2 粗びき黒こしょうをふり (**b**)、水分を飛ばすように強めの中火で炒める。

にんにくとバターが香る、ほくほくじゃがいも

ガーリックポテト

（ 材料 ） **(2人分)**

じゃがいも … 3個（130g×3）
　　→きれいに洗い、皮ごと
　　1個を6等分の乱切り
にんにく … 1かけ
　　→半分に切って芽があったら
　　取り除き、たたいてつぶす
塩 … 小さじ½
ローズマリー（あれば）… 1枝
バター … 5g
粗びき黒こしょう … 少々
オリーブオイル … 大さじ1

（ 作り方 ）

1 鍋にオリーブオイルを中火で熱し、じゃがいも、にんにく、塩を入れて全体に油が回るまで炒める（**a**）。蓋をして弱めの中火で7分ほど焼き、上下を返すように混ぜてローズマリーを加える。蓋をしてさらに7分ほど焼き、火を止めてそのまま10分ほどおく。

2 バターと粗びき黒こしょうを加え（**b**）、強めの中火で水分を飛ばすように炒める。

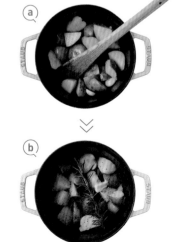

にんじんの甘味を皮ごと味わえる

にんじんのクミン炒め

（ 材料 ）（2人分）

にんじん… 2本（300g）
　→皮つきのまま長さを3等分に
　　切り、太いところは縦に4等分、
　　ほかは2等分に切る
クミンシード…小さじ⅓
塩…小さじ½
バター… 5g
オリーブオイル…大さじ1

（ 作り方 ）

1 鍋にオリーブオイルを中火で熱し、
にんじん、クミンシード、塩を入
れて全体に油が回るまで1分ほど
炒める（**a**）。蓋をして弱めの中火
で5分ほど焼き、上下を返すよう
に混ぜる。蓋をしてさらに5分ほ
ど焼き、火を止めてそのまま10
分ほどおく。

2 バターを加え（**b**）、全体に絡める
ように混ぜる。

濃厚ソースをたっぷり絡めて

とろりチーズの 旨辛ローストキャベツ

(ⓐ)

(ⓑ)

(ⓒ)

（ 材料 ）（2人分）

キャベツ…¼個（350g）
　→芯を残して縦半分に切る
ピザ用チーズ…80g

A ［ マヨネーズ…大さじ2
　 コチュジャン…大さじ1
　 しょうゆ…大さじ½ ］

粗びき黒こしょう…少々
ごま油…大さじ1

（ 作り方 ）

1 鍋にごま油を中火で熱し、キャベツを入れて蓋をし、弱めの中火で4分ほど焼く（**a**）。

2 ひっくり返してよく混ぜたAをキャベツに塗り（**b**）、蓋をして弱めの中火で3分ほど焼く。

3 チーズをまんべんなく散らし（**c**）、蓋をして2〜3分チーズが溶けるまで弱めの中火で焼き、粗びき黒こしょうをふる。

ゴーヤの苦味と肉の旨味をバランスよく

ゴーヤとランチョンミートの
チャンプルー

(材料)（2人分）

ゴーヤ…1本（200g）
　→長さを3等分に切り、
　　スプーンで種とワタを取り、
　　7mm幅の輪切り
ランチョンミート…½缶（150g）
　→1cm角の拍子木切り
A｜削り節…3g
　｜みりん…大さじ1
　｜しょうゆ…大さじ½
サラダ油…大さじ1

(作り方)

1 鍋にサラダ油を中火で熱し、ラン
チョンミートを2〜3分焼き、ゴー
ヤを加えて全体に油を絡める
（**a**）。蓋をして3分ほど焼き、上
下を返すように混ぜ、蓋をしてさ
らに3分ほど焼く。

2 **A**を回しかけ（**b**）、強めの中火で
全体に絡めるように炒める。

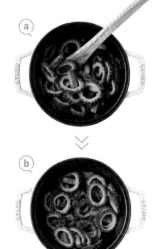

かば焼きのタレがごぼうにマッチ

ごぼうとさんま缶の
オイスターソース炒め

（ 材料 ）（2人分）

ごぼう…1本（200g）
　→皮をこそげ落とし、軽くたたい
　　て乱切りにし、水にさらしてアク
　　を抜き、水けをきる
さんまのかば焼き缶…1缶（100g）
しょうが（すりおろし）…小さじ1
酒…大さじ2
オイスターソース…大さじ½
ごま油…小さじ2

（ 作り方 ）

1 鍋にごま油を中火で熱し、ごぼう
を2〜3分炒める（**a**）。

2 さんまのかば焼き缶を加えて酒を
回しかけ（**b**）、蓋をして弱めの中
火で10分ほど焼く。

3 しょうが、オイスターソースを加
え（**c**）、強めの中火で水分を飛ば
すように炒める。

塩けと旨味がしらたきにしっかりしみる

大根としらたきの
イリチー

（ 材料 ）（2 人分）

A ⌈ 大根…¼本（300g）　→5mm角の拍子木切り
　│ しらたき（アク抜き済み）…1袋（180g）
　│ 　→水けをきり、ざく切り
　└ 塩昆布…10g
B ⌈ 削り節…3g
　└ しょうゆ…小さじ1
ごま油…大さじ1

（ 作り方 ）

1　鍋にごま油を中火で熱し、Aを入れて全体に油が
　回るまで炒め（a）、蓋をして弱めの中火で10分
　ほど焼く。

2　Bを加えて強めの中火で全体に絡めるように炒め
　る（b）。

大きめに切って根菜の旨味を味わう

ごぼうとにんじんの
きんぴら

（ 材料 ）（2 人分）

A ⌈ ごぼう…1本（200g）
　│ 　→縦半分に切り、斜め薄切りにし、
　│ 　水にさらしてアクを抜き、水けをきる
　│ にんじん…⅔本（100g）
　│ 　→縦半分に切り、斜め薄切り
　│ 赤唐辛子（輪切り）…½本分
　└ 塩…少々
B ⌈ しょうゆ・砂糖・酒…各大さじ1
サラダ油…大さじ1

（ 作り方 ）

1　鍋にサラダ油を中火で熱し、Aを入れて全体に油
　が回るまで炒め（a）、蓋をして弱めの中火で7分
　ほど焼く。

2　Bを加え（b）、強めの中火で水分を飛ばすように
　2〜3分炒める。

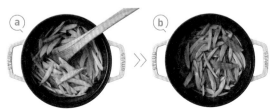

蒸す・和える・サラダ

密閉性の高い蓋をして火にかけることで、
野菜の持つ水分を引き出し、
甘味、旨味が凝縮されます。

キャベツとコーンのみそバター

コーンの甘味とみそのコクがキャベツの甘味とマッチ

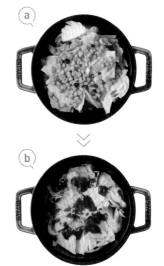

材料 （2人分）

キャベツ…¼個（350g）
　→食べやすい大きさにちぎる
コーン…100g
A ┌ 赤唐辛子（輪切り）…½本分
　└ 塩…少々
酒…大さじ1
B ┌ みそ・みりん…各大さじ1
バター…5g
オリーブオイル…大さじ½

作り方

1 鍋にオリーブオイルを中火で熱し、キャベツ、コーン、**A**を入れ（**a**）、酒を回しかける。蓋をして弱めの中火で4分ほど蒸し焼きにし、上下を返すように混ぜる。**B**を回しかけ、蓋をしてさらに3分ほど蒸し焼きにする。

2 バターを加え（**b**）、ざっくり混ぜる。

ジューシーななすにタレをたっぷり絡めて

なすの棒棒鶏風
（バンバンジー）

（ 材料 ）（2人分）

なす… 3本
→縦に3カ所皮をむき、
　縦半分に切り、水にさらして
　アクを抜き、水けをきる
塩…少々

A［
白ねりごま・白いりごま
　…各大さじ1
みそ…大さじ½
豆板醤・しょうゆ…各小さじ1
蒸し汁＋湯…大さじ2
］

サラダ油…大さじ1

（ 作り方 ）

1 鍋にサラダ油を中火で熱し、なす
と塩を入れて全体に油をなじませ
（**a**）、蓋をして弱めの中火で3分
ほど蒸し焼きにする。

2 上下を返すように混ぜ（**b**）、蓋を
してさらに3分ほど蒸し焼きにし、
火を止めてそのまま5分ほどおく。

3 なすを器に盛り、**A**をよく混ぜて
かける。

切り干し大根とトマトの旨味が驚くほどマッチ

トマトと切り干し大根の
洋風和え物

（ 材料 ）**（2人分）**

トマト… 1個（150g）
　　→1cm角に切る
切り干し大根… 40g
→もみ洗いして水に10分ほど
　浸し、水けを絞り、ざく切り

A ｜ 酒… 大さじ2
　｜ 塩… 小さじ⅓
　｜ 水… 50ml

B ｜ オリーブオイル… 小さじ1
　｜ 粗びき黒こしょう… 少々
　｜ パセリ（みじん切り）… 適量

（ 作り方 ）

1 鍋に切り干し大根、**A**を入れてト
マトをのせ（**a**）、蓋をして中火で
3分ほど蒸し焼きにし、弱火にし
てさらに5分ほど蒸し焼きにする。

2 **B**を加え（**b**）、ひと混ぜする。

アンチョビの塩けとレモンの酸味がベストバランス

ズッキーニとアンチョビの温サラダ

（ 材料 ）（2人分）

ズッキーニ… 2本
　→縦半分、長さ3等分に切る
アンチョビ… 3〜4枚（10ｇ）
にんにく… 1かけ　→薄切り
レモン（あれば）…½個
粗びき黒こしょう…少々
オリーブオイル…大さじ1

（ 作り方 ）

1 鍋にオリーブオイルを中火で熱し、ズッキーニ、にんにくを入れて油を絡め、アンチョビをのせる（**a**）。蓋をして弱めの中火で3分ほど蒸し焼きにし、上下を返すように混ぜ、蓋をしてさらに3分ほど蒸し焼きにし、火を止めてそのまま5分ほどおく。

2 粗びき黒こしょうをふり（**b**）、ざっくり混ぜ、レモンを搾って混ぜる。

ナッツの香ばしさがにんじんの甘味を引き立てる

にんじんとナッツの
エスニック温サラダ

(材料) (2人分)

A ┌ にんじん … 2本 (300g)
　　　→皮つきのまま1.5cm幅
　　　の輪切り
　├ にんにく … 1かけ　→芽が
　　　あったら取り除き、薄切り
　├ 赤唐辛子 (輪切り) … ½本分
　└ 塩 … 少々

B ┌ ミックスナッツ
　　　(素焼き・無塩) … 50g
　├ はちみつ … 大さじ1
　└ ナンプラー … 大さじ½
オリーブオイル … 大さじ1

(作り方)

1 鍋にオリーブオイルを中火で
熱し、**A**を入れて油を全体に
絡め(**a**)、蓋をして弱めの中
火で5分ほど蒸し焼きにする。
上下を返すように混ぜ、蓋を
してさらに3分ほど蒸し焼き
にし、火を止めてそのまま5
分ほどおく。

2 **B**を加え(**b**)、中火で絡めるよ
うに2〜3分炒める。

ⓐ

≫

ⓑ

27

焼き大根の香ばしさに辛みそがマッチ

中華風肉みそ大根

（ 材料 ）（2人分）

大根…¼本（300g）
　　→皮を厚めにむいて2cm幅の
　　　輪切りにし、隠し包丁を表裏に
　　　1本ずつ、十字になるように入れる
塩…小さじ¼
豚ひき肉…100g

A
　みりん…大さじ3
　甜麺醤…大さじ1
　豆板醤…大さじ½
　しょうが（すりおろし）
　　…小さじ½

ごま油…大さじ1

（ 作り方 ）

1 鍋にごま油を中火で熱し、大根、塩を入れて全体に油を絡め（**a**）、蓋をして弱めの中火で10分ほど蒸し焼きにする。ひっくり返し、蓋をしてさらに10分ほど蒸し焼きにし、火を止めてそのまま10分ほどおく。

2 大根を器に盛り、同じ鍋にひき肉、**A**を入れ、中火で2〜3分炒め（**b**）、大根にかける。

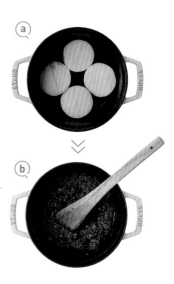

ⓐ

ⓑ

玉ねぎの甘さに韓国風の甘辛いみそが合う

蒸し玉ねぎのツナみそがけ

（ 材料 ）（2人分）

玉ねぎ…2個　→横半分に切る
塩…小さじ¼
ツナ缶（油漬け）…1缶（70g）
A ┌ みりん…大さじ3
　│ 酒…大さじ2
　│ 白いりごま・コチュジャン
　│ 　…各大さじ1
　│ みそ…大さじ½
　│ にんにく（すりおろし）
　└ 　…小さじ1
ごま油…大さじ1

（ 作り方 ）

1 鍋にごま油を中火で熱し、玉ねぎ
を入れて塩½量をかけ（**a**）、蓋
をして弱めの中火で5分ほど蒸し
焼きにする。ひっくり返して残り
の塩をかけ、蓋をしてさらに5分
ほど蒸し焼きにし、火を止めてそ
のまま5分ほどおく。

2 玉ねぎを器に盛り、同じ鍋に軽く
油をきったツナ缶、Aを入れて中
火で1分ほど炒め（**b**）、玉ねぎに
かける。

煮物・煮浸し

熱伝導と保温性に優れた
ストウブだからこそのほくほく、
ほろほろの仕上がり。煮浸しも簡単に。

かぼちゃとレンズ豆のいとこ煮

蒸気を逃さず蒸し煮にしたほくほくかぼちゃ

（ 材料 ） （2人分）

かぼちゃ…¼個（400g）
　　→一口大の乱切り
レンズ豆（乾燥）…50g
　　→さっと洗う
A ┌ みりん…大さじ2
　└ しょうゆ…大さじ½

（ 作り方 ）

1 鍋にレンズ豆を平らに入れ、水
　150㎖（分量外）を加えて中火で
　煮立たせ、蓋をして弱火で10分
　ほど煮る（**a**）。

2 **1**の鍋にかぼちゃを皮を下にして
　加えてから**A**を加え（**b**）、蓋をし
　て中火で3分ほど煮る。

3 火を止めてそのまま10分ほどお
　き、ざっくり混ぜる（**c**）。

野菜の副菜／3

甘辛い汁が大根にしみてほろほろに

大根とさばのみそ煮

材料（2人分）

大根…¼本（300g）
　→薄めの乱切り（P38参照）
さば缶（水煮）…1缶（190g）

A ┌ みそ・みりん…各大さじ2
　│ 豆板醤…大さじ½
　│ しょうが（すりおろし）
　└ 　…小さじ½

作り方

1 鍋に大根、さば缶を汁ごと入れ、よく混ぜたAを加え（a）、蓋をして中火で5分ほど煮る。ひと混ぜし、弱めの中火にして10分ほど煮る。再度ひと混ぜし、蓋をして火を止める。

2 そのまま10分ほどおき、ざっくり混ぜる（b）。

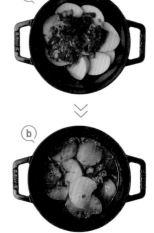

ふっくら煮上がったひじきに驚き

小松菜とひじきの煮浸し

（ 材料 ） （2人分）

小松菜… 1束
　→茎は4㎝長さ、
　葉は2㎝長さに切る
長ひじき… 10g
　→ぬるま湯で戻し、水を
　2〜3回替えながらよく洗い、
　水けをしっかりきる
A ┌ 削り節… 3g
　│ 酒… 大さじ2
　│ しょうゆ… 大さじ½
　│ 塩… 小さじ½
　└ 水… 150㎖

（ 作り方 ）

1 鍋に長ひじき、小松菜の順に入れ、
　Aを加えて中火で煮立たせ（a）、
　蓋をして弱めの中火で2分ほど煮
　る。

2 一度全体を混ぜ、蓋をして火を止
　め、そのまま5分ほどおく（b）。

煮崩れなしでしっかり味がしみる

かぶと油揚げの煮浸し

(材料)（2人分）

かぶ… 2個
　→かぶは茎を2cm残して残りの茎
　　を切り落とし、4等分に切る。茎
　　は5cm長さに切る
油揚げ… 1枚
　→熱湯を回しかけ、水けを絞り、
　　横8等分に切る

A ┌ 削り節… 3g
　│ みりん… 大さじ2
　│ しょうゆ・砂糖… 各大さじ1
　└ 水… 150㎖

(作り方)

1 鍋にかぶ、油揚げの順に入れ、A
　を加えて中火で煮立たせ（**a**）、蓋
　をして弱めの中火で5分ほど煮る。

2 かぶの葉を加えてひと混ぜし（**b**）、
　蓋をして火を止め、そのまま10
　分ほどおく。

種ごと食べる丸ごとピーマンのおいしさにびっくり！

丸ごとピーマンのちりめんじゃこ

(材料) (2人分)

ピーマン…5個
　→まん中あたりに包丁で縦に
　　3cmほど切り目を入れる
A [ちりめんじゃこ…10g
　　赤唐辛子 (輪切り)…½本分
B [みりん…大さじ1
　　しょうゆ…大さじ½
ごま油…大さじ½

(作り方)

1 鍋にごま油を中火で熱し、ピーマ
ンを片面1分30秒ずつ焼き、**A**を
加えて炒める (**a**)。蓋をして弱火
で5分ほど焼き、火を止めてその
まま5分ほどおく。

2 **B**を加え (**b**)、中火で絡めるよう
に炒める。

白菜とあさりの旨味が溶け出したやさしいとろみ

白菜とあさりの豆乳クリーム煮

（ 材料 ）（2人分）

白菜…¼個（500g）
　→縦半分、横4㎝幅に切る
あさり缶（水煮）
　…1缶（130g／固形65g）
小ねぎ…2本　→小口切り

A［ 酒…大さじ2
　 鶏がらスープの素…小さじ1
　 塩…小さじ½
　 水…50㎖ ］

B［ 調製豆乳…150㎖
　 片栗粉…小さじ2 ］

粗びき黒こしょう…適量

（ 作り方 ）

1 鍋に白菜、あさり缶を汁ごと入れ、**A**を加え（**a**）、蓋をして中火で5分ほど煮る。弱めの中火にしてさらに5分ほど煮て火を止め、そのまま5分ほどおく。

2 よく混ぜた**B**を加え、弱めの中火で煮立たせないようにしてとろみがつくまで加熱し（**b**）、粗びき黒こしょう少々をふる。器に盛り、小ねぎを散らし、お好みで粗びき黒こしょうをふる。

余熱でしっかり旨味を含ませる

にんじんと
高野豆腐の煮物

(材料) (2 人分)

にんじん…1本(150g) →小さめの乱切り
一口高野豆腐…50g
刻み昆布…5g
A
削り節…3g
砂糖・酒…各大さじ2
しょうゆ…大さじ1½
水…400㎖

(作り方)

1 鍋ににんじん、刻み昆布、Aを入れて中火で煮立
たせ、高野豆腐を加えて再度煮立ったら (a) 蓋を
して弱めの中火で10分ほど煮る。ひと混ぜして
蓋をし、火を止めてそのまま10分ほどおく。

2 全体を混ぜ、粗熱が取れるまでおく (b)。

さつまいもの旨味を皮ごといただく

さつまいものレモン煮

(材料) (2 人分)

さつまいも…1本(200g) →1㎝幅の輪切りにし、
水にさらしてアクを抜き、水けをきる
レモン…½個
→5㎜幅の輪切りを1枚作り、残りは搾る
レーズン…30g
A
砂糖・みりん…各大さじ2
塩…少々
水…150㎖

(作り方)

1 鍋にさつまいもとAを入れて中火にかけ (a)、煮
立ったら落とし蓋をしてから蓋をして弱めの中火
で5分ほど煮る。

2 レーズン、レモンの輪切りを加え (b)、蓋をして
火を止め、そのまま5分おく。レモン汁を加えて
混ぜる。

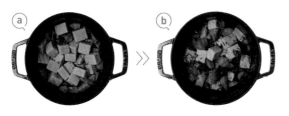

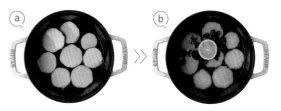

調理によって変えたい
切り方のコツ

一般的に野菜を乱切りにするときは、大きさを揃えるのが基本。本書のレシピは、鍋に一度に食材を入れて火にかける調理が多いので、ほかの野菜と火の通りを合わせたいときや、大きくボリュームがあるように見せながら時短で煮込みたいときに、形や大きさを変えて乱切りして調理するのがポイントになります。

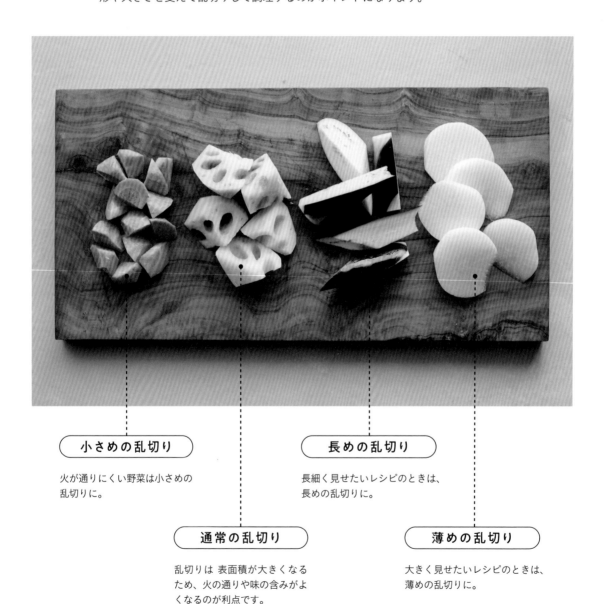

小さめの乱切り

火が通りにくい野菜は小さめの乱切りに。

通常の乱切り

乱切りは 表面積が大きくなるため、火の通りや味の含みがよくなるのが利点です。

長めの乱切り

長細く見せたいレシピのときは、長めの乱切りに。

薄めの乱切り

大きく見せたいレシピのときは、薄めの乱切りに。

食材の旨味を
グンと引き出す

肉と魚の主菜

さっと表面に火を入れたあとは、火を弱めて加熱したり、
余熱で火を通せば、加熱時間も短くて済み、
ゆっくり火を通すので、肉や魚がしっとりやわらかに仕上がります。

とにかく食材を重ねて煮るだけ（無水調理系）

食材を重ねて煮るだけで、
じんわりやわらかく、旨味たっぷりで
ジューシーなおいしさに。

白菜と豚バラの塩麹煮

塩麹としょうががアクセントの旨煮

(a)
(b)
(c)

(材料) (2人分)

豚バラ薄切り肉… 150g
　　→半分に切る
白菜…¼個（500g）
　　→長さを3等分に切り、
　　　縦に1cm幅の細切り

A ┌ 塩麹・酒…各大さじ3
　│ しょうが（すりおろし）
　└ 　…小さじ1

B ┌ 削り節…5g
　│ 赤唐辛子（輪切り）…½本分
　└ 水…50mℓ
ごま油…小さじ1

(作り方)

1 Aはよく混ぜておく。鍋に白菜
¼量、豚肉⅓量、Aの⅓量の
順に重ねる（a）。

2 同様に2回繰り返し、最後に残
りの白菜をのせ、Bを加える（b）。
蓋をして中火で5分ほど煮る。
弱めの中火にしてさらに10分
ほど煮る。火を止めてそのまま
5分ほどおく。

3 ごま油を加え、全体をざっくり
混ぜる（c）。

2種類のタレで味変できる蒸ししゃぶしゃぶ

蒸しだししゃぶ

(材料)（2人分）

豚しゃぶしゃぶ用肉…150g
もやし…2袋（400g）
春菊…1袋（150g）
　→根元1cmを切り落とし、
　　葉と茎に切り分ける
塩…小さじ1
削り節…5g
酒…50㎖
［ごまダレ］
白ねりごま…大さじ2
みそ・しょうゆ…各大さじ1
豆板醬…小さじ1
［トマポンダレ］
トマト（1cm角に切る）…1個分
ポン酢しょうゆ…大さじ3

(作り方)

1 ごまダレ、トマポンダレはそれぞれ混ぜておく。鍋にそれぞれ⅓量の、もやし、豚肉、塩、削り節の順に重ね、同様に2回繰り返す（**a**）。酒、水400㎖（分量外）を加え、強めの中火で煮立たせ、蓋をして弱めの中火で7分ほど煮る。春菊の茎を加えて蓋をし、火を止めてそのまま5分ほどおく。

2 蒸し上がりに春菊の葉を加えてざっくり混ぜる（**b**）。

3 鍋のまま出し、お好きなタレをだしで薄めながらいただく。

ふんわりむね肉を濃厚な味つけで

鶏むね肉とキムチの重ね蒸し

（ 材料 ） (2人分)

鶏むね肉（皮なし）
　…大1枚（300〜350g）
　→水けを拭き取り、
　　5mm幅にそぎ切り
片栗粉…大さじ1½
にら…½束
　→4cm幅に切る
もやし…1袋（200g）
A [キムチ（カット）…200g
　 みりん…大さじ2
　 みそ…大さじ1½
ごま油…小さじ1

（ 作り方 ）

1 鶏肉は片栗粉をまぶす。Aはよく
　混ぜておく。鍋にそれぞれ半量の、
　もやし、鶏肉、Aの順に重ね、同
　様に繰り返し、水50ml（分量外）
　を加える（**a**）。蓋をして中火で5
　分ほど煮て弱めの中火にし、さら
　に10分ほど煮る。火を止めてそ
　のまま3分ほどおく。

2 にらとごま油を加え（**b**）、ざっく
　り混ぜる。

マヨネーズのコクが白菜にしみる

鶏ひき肉と白菜のマヨクリーム煮

（ 材料 ） (2人分)

A
┌ 鶏ひき肉… 200g
│ マヨネーズ… 大さじ3
│ 塩… 小さじ¼
└ 粗びき黒こしょう… 少々

白菜… ¼個 (500g)
→縦半分、横4cm幅に切る

塩… 小さじ½

B
┌ 牛乳… 100mℓ
│ 小麦粉… 大さじ½
└ しょうが (すりおろし)… 小さじ1

粗びき黒こしょう… 適宜

（ 作り方 ）

1 A、Bはそれぞれよく混ぜておく。鍋に白菜½量、塩小さじ¼を入れ、Aの½量をスプーンですくって落とし、同様に繰り返す (**a**)。水100mℓ (分量外) を加え、蓋をして中火で5分ほど煮て弱めの中火にしてさらに10分ほど煮る。

2 よく混ぜたBを加え、とろみがつくまで混ぜながら中火で煮る (**b**)。器に盛り、お好みで粗びき黒こしょうをふる。

スパイシーなひき肉をなすに絡めて

なすとひき肉のエスニック蒸し

(材料)（2人分）

なす…3本
　→縦に7mm厚さに切る
オリーブオイル…大さじ2
A [合いびき肉…200g
　　中濃ソース…大さじ2
　　カレー粉…大さじ1/2
　　塩…小さじ2/3]
切り干し大根…20g
　→もみ洗いして水に10分ほど浸し、
　　水けをしっかり絞り、2cm長さに切る
酒…50ml
パセリ（みじん切り）…適宜

(作り方)

1 なすはオリーブオイルと一緒にポ
リ袋に入れ、よく和える（**a**）。**A**
はよく混ぜておく。

2 鍋になす1/2量、**A**の1/2量、切り干
し大根、残りのなす、残りの**A**の
順に重ねる（**b**）。酒を回しかけ、
蓋をして中火で5分ほど加熱し、
弱めの中火にしてさらに5分ほど
加熱する。火を止めてそのまま
10分ほどおく。

3 ざっくり混ぜ、お好みでパセリを
散らす（**c**）。

ピリッと辛いみそとチーズが濃厚な味わい

鮭とキャベツの辛みそチーズ

（ 材料 ）（2人分）

生鮭（切り身）…2切れ
　→水けを拭き取り、3等分に切る
A ┌ みそ・みりん…各大さじ2
　└ 豆板醤…小さじ1
キャベツ…¼個（350g）
　→大きめにちぎる
長ねぎ…1本
　→斜め薄切り
ピザ用チーズ…80g
粗びき黒こしょう…少々

（ 作り方 ）

1 鮭に、よく混ぜた**A**を和える。

2 鍋にキャベツを押し込み（**a**）、長ねぎ、鮭の順に重ねて水50㎖（分量外）を加え（**b**）、蓋をして中火で5分ほど加熱し、弱めの中火にしてさらに10分ほど加熱する。

3 ざっくり混ぜてチーズをまんべんなく散らし（**c**）、蓋をして弱めの中火で1〜2分加熱してチーズを溶かし、粗びき黒こしょうをふる。

(a)

(b)

(c)

トマトの酸味が効いて旨味倍増

たらとじゃがいものトマト煮

（ 材料 ）（2人分）

生たら（切り身）…2切れ
　→水けを拭き取り、3等分に切る
小麦粉…大さじ1
じゃがいも…3個（130g×3）
　→スライサーなどで薄い輪切り
トマト…1個（150g）
　→小さめの乱切り
白ワイン…大さじ2
オリーブオイル…大さじ1
塩…小さじ1
粗びき黒こしょう…適量

（ 作り方 ）

1 たらは、塩小さじ⅓、粗びき黒
こしょう少々、小麦粉をふる。鍋
にじゃがいも、塩小さじ⅔、オ
リーブオイルを入れてよく混ぜ、
平らにしてたらをのせる（**a**）。白
ワインを回しかけ、蓋をして中火
で5分ほど加熱し、弱めの中火に
してさらに10分ほど加熱する。
火を止めてそのまま10分ほどお
く。

2 トマトと粗びき黒こしょう少々を
加え（**b**）、ざっくり混ぜる。

3 器に盛り、好みで粗びき黒こしょ
うをふる。

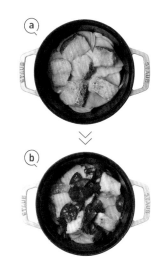

材料を炒めて蒸すだけ

肉や魚をカリッと炒め、
野菜と調味料を加えて蒸すだけで、
しっとり&旨味たっぷりの主菜に。

ゴロゴロガパオ

鶏肉はプリプリ&旨味が野菜にしみて◎

（ 材料 ）（作りやすい分量）

鶏もも肉…大1枚（300〜350g）
　　→水けを拭き取り、余分な脂を
　　取り除いて2cm角くらいに切る
塩…小さじ1/3
粗びき黒こしょう…少々
玉ねぎ…1個　→大きめの乱切り
パプリカ（赤）…1個
　　→大きめの乱切り
にんにく…1かけ
　　→芽があったら取り除き、薄切り
バジル…1袋（20g）
　　→葉を摘み取り、茎を粗みじん切り
A ┌ オイスターソース…大さじ1
　└ ナンプラー…大さじ1/2
サラダ油…大さじ1
ごはん…2人分
目玉焼き…適宜

（ 作り方 ）

1 鶏肉は、塩、粗びき黒こしょう
をふる。鍋にサラダ油を中火で
熱し、鶏肉を重ならないように
入れ、にんにくをまんべんなく
のせて（**a**）蓋をして2分ほど焼
く。

2 玉ねぎ、パプリカ、**A**、バジル
の茎を加え（**b**）、強めの中火で
2分ほど炒め、火から下ろして
バジルの葉を混ぜる。

3 器にごはんを盛り、**2**をかけ
てお好みで目玉焼きを添える。

むね肉もふんわり仕上がる満足の一品

酢 鶏

（ 材 料 ）（2人分）

鶏むね肉（皮なし）…大1枚（300〜350g）
　→水けを拭き取り、フォークで両面を
　　まんべんなく刺し、8〜10等分に切る
　　┌ 塩…小さじ1/3
　A │ 粗びき黒こしょう…少々
　　└ 小麦粉…大さじ1/2
れんこん…100g
　→一口大の乱切りにし、
　　水にさらして水けをきる
玉ねぎ…1/2個
　→大きめの乱切り
ピーマン…1個　→大きめの乱切り
　　┌ トマトケチャップ…大さじ2
　　│ 酢・オイスターソース・砂糖
　　│　…各大さじ1
　B │ 片栗粉…小さじ1
　　└ 水…80㎖
サラダ油…大さじ1

（ 作 り 方 ）

1 鶏肉は**A**を順にふる。鍋にサ
ラダ油を中火で熱し、鶏肉を
2分ほど焼き、ひっくり返し
てれんこんを加え（**a**）、蓋を
して弱めの中火で5分ほど焼
く。火を止めてそのまま5分
ほどおく。

2 ピーマン、玉ねぎ、よく混ぜ
た**B**を加え（**b**）、中火でとろ
みがつくまで絡めながら炒め
る。

（ 材料 ）（2人分）

鶏手羽中… 10本
塩…小さじ⅓
小麦粉…大さじ1
さつまいも…1本（200g）
　→一口大の乱切りにし、
　水にさらしてアクを抜き、
　水けを拭き取る
A ┌ しょうゆ…大さじ1½
　└ 砂糖・みりん・水…各大さじ1
サラダ油…大さじ½

（ 作り方 ）

1 手羽中はペーパータオルで水けを拭き取り、塩、小麦粉をふる。

2 鍋にサラダ油を中火で熱し、手羽中を入れて2分ほど焼き、ひっくり返してさつまいもを加えて全体に油を絡める（**a**）。蓋をして弱めの中火で7分ほど焼き、火を止めてそのまま5分ほどおく。

3 さつまいもに竹串を刺してスッと入ったら（**b**）、Aを加え（**c**）、中火で絡めるように炒める。

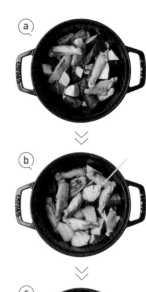

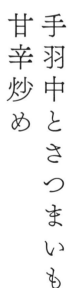

骨つき肉の旨味がさつまいもにじんわりしみて

手羽中とさつまいもの甘辛炒め

51

定番のなす料理もストウブで作ればしっとりふっくら

豚肉となすのしぎ焼き

（ 材料 ）**(2人分)**

豚切り落とし肉…200g
　→食べやすい大きさに切る
小麦粉…大さじ1
なす…3本
　→長めの乱切り（P38参照）にし、
　水にさらしてアクを抜き、
　水けをきる
ピーマン…2個
　→大きめの乱切り

A ［ みそ…大さじ1½
　砂糖・酒…各大さじ1
　しょうが（すりおろし）
　　…小さじ½

塩…少々
サラダ油…大さじ1

（ 作り方 ）

1 豚肉は小麦粉をふる。鍋にサラダ油を中火で熱し、<u>いったん火から下ろして豚肉を入れ、全体に油を絡めて火に戻し、色が変わるまで焼く</u>（**a**）。

2 なす、塩を加えて全体に油を絡め（**b**）、蓋をして弱めの中火で10分ほど焼く。

3 <u>ピーマンと**A**を加え</u>（**c**）、強めの中火で絡めるように1〜2分炒める。

ぶりの旨味が生きるシンプル味つけ

ぶりとごぼうの炒め煮

(材料)（2人分）

ぶり（切り身）… 2切れ（100g×2）
　→水けを拭き取り、3等分に切る
小麦粉…大さじ1/2
ごぼう… 1本（200g）
　→軽くたたいて5cm長さに切り、
　　縦に3〜4等分に割る
A ┌ みりん…大さじ2
　└ しょうゆ…大さじ1 1/2
サラダ油…大さじ1

(作り方)

1 ぶりは小麦粉をふる。鍋にサラダ
　油を中火で熱し、ぶりを2分焼き、
　ひっくり返してさらに2分焼いて
　いったん取り出す。ごぼうを入れ
　て油を絡める（**a**）。

2 ごぼうの上にぶりを戻し入れ（**b**）、
　蓋をして弱めの中火で7分ほど焼
　き、火を止めてそのまま5分ほど
　おく。

3 Aを加え（**c**）、ぶりを崩さないよ
　うに絡め、中火で2分ほど焼く。

ワインで蒸して魚の旨味を凝縮

いわしとトマトのオイル蒸し

(**材料**)（2人分）

いわし…4尾
　→頭とワタを取り、流水で洗い、
　水けをしっかり拭き取る
ミニトマト…6個
　→竹串で穴をあける
セロリ…1本
　→茎は斜め薄切りにし、
　葉はせん切り
にんにく…1かけ　→芽があったら
　取り除き、薄切り
ローリエ…1枚
白ワイン（酒でも可）…大さじ2
塩…適量
粗びき黒こしょう…少々
オリーブオイル…大さじ1

(**作り方**)

1 いわしは塩小さじ⅓をふる。鍋にオリーブオイル小さじ2を中火で熱し、セロリの茎とにんにくを1分ほど炒める（**a**）。

2 いわし、ミニトマト、ローリエを加えて塩少々をふり、白ワインを回しかける（**b**）。蓋をして弱めの中火で10分ほど焼き、火を止めてそのまま5分ほどおく。

3 オリーブオイル小さじ1を回しかけ、粗びき黒こしょうをふる（**c**）。器に盛り、セロリの葉を散らす。

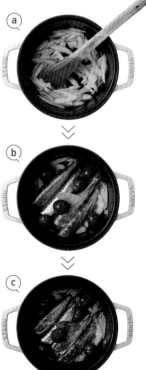

残ったオイルはバゲットにつけたり、パスタソースにしたりしても

えびときのこのオイル焼き

(材料) (2人分)

えび (殻つき) … 10尾 (150〜200g)
きのこ (しめじ、エリンギなど)
　… 300g
　→しめじは大きめにほぐす
　→エリンギは長さを半分にし、
　縦4等分に切る
長ねぎ… 1本　→2cm幅の輪切り
にんにく… 1かけ　→半分に切って芽が
　あったら取り除き、たたいてつぶす
ローリエ… 1枚
A[赤唐辛子 (輪切り) … ½本分
　塩… 小さじ1
白ワイン (酒でも可) … 大さじ1
粗びき黒こしょう… 少々
オリーブオイル… 50mℓ

(作り方)

1 えびはとがった尾を取り除き (P65
参照)、殻にキッチンばさみで切
り目を入れて背ワタを取り除く。
鍋にオリーブオイルを中火で熱し、
えびを色が変わるまで片面1分ず
つ焼く (**a**)。

2 きのこ、長ねぎ、にんにく、**A**を
加えてざっくり炒め (**b**)、ローリ
エを加えて白ワインを回しかける。
蓋をして弱めの中火で10分ほど
焼き、一度混ぜて蓋をし、火を止
めてそのまま5分ほどおく。

3 粗びき黒こしょうをふり (**c**)、全
体を混ぜる。

手軽でおいしい煮込み

短い煮込み時間でも、
肉や野菜の旨味をしっかり閉じ込め、
やわらかく仕上げます。

合いびき肉ときのこの旨味が
溶け出したソースが絶品

きのこたっぷり煮込みハンバーグ

<(材料)> (2人分)

A ┌ 合いびき肉…200g
　├ パン粉…½カップ
　└ 溶き卵…½個分
玉ねぎ…¼個
　→繊維を断つように横に
　　極薄切り
塩…小さじ¼
粗びき黒こしょう…少々
きのこ (しめじ、しいたけなど)
　…200g
　→しめじは大きめにほぐし、
　　しいたけは石づきを落として
　　縦4等分にする
にんにく…1かけ
　→芽があったら取り除き、
　　極薄切り
B ┌ トマト水煮缶(カット)…½缶
　│ トマトケチャップ・
　│ 中濃ソース…各大さじ2
　└ 水…50㎖
オリーブオイル…大さじ½

<(作り方)>

1 ボウルに玉ねぎを入れ、塩、こしょうを加えて水けが出るくらいまでもみ込み、**A**を加えてしっかりこねる。4等分にして空気を抜くように2㎝厚さの丸形に成形する。

2 鍋にオリーブオイルを中火で熱し、**1**を入れ、蓋をして片面を2分ほど焼く。焼き色がついたらひっくり返し (**a**)、きのこ、にんにくを加え (**b**)、蓋をして3分ほど焼きつける。

3 **B**を加えて中火で煮立たせ (**c**)、蓋をして弱めの中火で5分ほど煮込む。ハンバーグをひっくり返してさらに5分ほど煮込み、蓋を取って強めの中火で軽く混ぜながら2〜3分水分を飛ばす。

じゃがいものほくほく加減が絶妙！

肉じゃが

（ 材料 ） （作りやすい分量）

牛切り落とし肉… 200g

じゃがいも… 3個（130g×3）
　→半分に切る

にんじん… 1/2本（75g）
　→一口大の乱切り

玉ねぎ… 1個
　→8等分のくし形切り

さやいんげん… 5本
　→3等分の斜め切りにし、
　　塩を少々ふり、ラップに包んで
　　電子レンジで30秒加熱

A ┌ 削り節… 3g
　│ 酒… 大さじ2
　└ 砂糖… 大さじ1

B ┌ しょうゆ… 大さじ3
　└ みりん… 大さじ1

サラダ油… 大さじ1/2

（ 作り方 ）

1 鍋にサラダ油を中火で熱し、いったん火から下ろして牛肉を入れ、全体に油を絡めて（**a**）火に戻し、色が変わるまで炒める。

2 じゃがいも、にんじんを加え、じゃがいものまわりの色がうっすら変わるまで炒める（**b**）。A、ひたひたの水（300㎖／分量外）を加え、アクを取りながら中火で煮立たせ、落とし蓋をしてから蓋をして5分ほど煮込む。

3 **2**に玉ねぎを覆いかぶせるようにのせ、**B**を回しかける（**c**）。落とし蓋をしてから蓋をして5分ほど煮込み、火から下ろしてそのまま10分ほどおき、さやいんげんを加えて混ぜる。

（　材料　）（作りやすい分量）

塩豚… 300g
じゃがいも… 2個（130g×2）
キャベツ… ¼個（350g）
　→芯を残して縦半分に切る
長ねぎ… 1本　→6等分に切る
A ［ローリエ… 1枚
　酒… 大さじ2
　水… 600㎖
塩… 小さじ½
粗びき黒こしょう… 適量

塩豚の作り方

豚肩ロースかたまり肉300g、塩小さじ¾（肉の重量の1.5％）をポリ袋に入れてよくもみ込み、密封して冷蔵庫で1〜2日おく。

（　作り方　）

1　塩豚はペーパータオルで水けを拭き取り、4等分に切る。

2　鍋に塩豚、Aを入れ、アクを取りながら中火で煮立たせ（**a**）、蓋をして弱火で20分ほど煮込む。

3　じゃがいも、キャベツ、長ねぎを加えて中火で煮立たせ（**b**）、落とし蓋をしてから蓋をして弱火で15分ほど煮込み、塩、粗びき黒こしょう少々で味をととのえる。器に盛り、お好みで粗びき黒こしょうをふる。

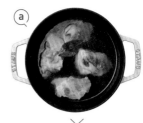

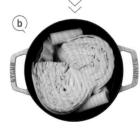

肉の旨味がしみ込んだキャベツがとろとろ

塩豚とじゃがいもとキャベツのポトフ

お手頃な値段の肉でもやわらかジューシーに

ビーフカレー

（　材料　）（2人分）

牛肉（ハラミ、カルビなどの
　焼き肉用）… 200g
　→大きければ一口大に切る

A ┌ 塩…小さじ½
　│ 粗びき黒こしょう…少々
　└ 小麦粉…大さじ½

玉ねぎ… 1個　→極薄切り

クミンシード（あれば）…小さじ1

B ┌ にんにく・しょうが（各すりおろし）
　└ 　…各小さじ½

C ┌ カレー粉…大さじ1½
　└ 小麦粉…大さじ1

D ┌ トマト水煮缶（ホール）…½缶
　│ トマトケチャップ・中濃ソース
　│ 　…各大さじ2
　│ 塩…小さじ½
　└ 水…300㎖

塩・粗びき黒こしょう…各少々
オリーブオイル…大さじ1
ごはん… 2人分

（　作り方　）

1 牛肉は**A**を順にふる。鍋にオリーブオイル大さじ½を中火で熱し、牛肉をうっすら焼き色がつくまで焼いて取り出す。同じ鍋にオリーブオイル大さじ½とクミンシードを熱し、ぷつぷつしてきたら玉ねぎを入れて全体に油が回るように炒める。蓋をして弱めの中火で3分ほど加熱し、一度混ぜ、蓋をしてさらに3分ほど加熱する。蓋を取り、中火でうっすら茶色になるまで炒める（**a**）。

2 **B**を加えて香りが出てきたら**C**を加え（**b**）、香りが強くなるまで炒める。

3 牛肉を戻し入れ、**D**を加えて鍋底をこそげるように混ぜながら（**c**）煮立たせる。蓋をして途中混ぜながら弱めの中火で10分ほど煮込み、とろみがつくまで2〜3分、蓋をしないで強めの中火で加熱し、塩、粗びき黒こしょうで味をととのえる。ごはんとともに器に盛る。

ⓐ

ⓑ

ⓒ

(材料) (2人分)

鶏もも肉…大1枚 (300～350g)
　→厚みが均一になるように開いて
　　余分な脂を取り除き、4等分に切る
　┌ 塩…小さじ½
A │ 粗びき黒こしょう…少々
　└ 小麦粉…大さじ1
玉ねぎ…½個　→薄切り
パプリカ(赤)…½個　→7mm幅に切る
にんにく…1かけ　→芽があったら
　　取り除き、薄切り
　┌ トマト水煮缶 (カット)…½缶
　│ 白ワイン (酒でも可)…大さじ2
B │ 塩…小さじ½
　└ 粗びき黒こしょう…少々
塩・粗びき黒こしょう…各少々
オリーブオイル…小さじ1

(作り方)

1 鶏肉はAを順にまぶす。鍋にオリーブオイルを中火で熱し、鶏肉を皮目から3分ほど焼き、ひっくり返す(**a**)。

2 玉ねぎ、パプリカ、にんにく、Bを加え(**b**)、煮立ったら蓋をして弱めの中火で5分ほど煮込み、火を止めてそのまま5分ほどおく。蓋を取って強火にかけ、2～3分水分を飛ばすように煮込み、塩、粗びき黒こしょうで味をととのえる。

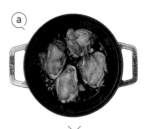

鶏のローマ風煮込み

じっくり火を通したように仕上がる

カリッとジューシー！
ロースト＆フライ

深さがあって熱伝導のよいストウブなら、
揚げ物もカラリと揚げられます。
ジューシーなローストも得意分野。

ジューシーから揚げ

下味が肉汁を閉じ込め、噛んだときにあふれ出す！

(材料) (2人分)

鶏むね肉 (皮なし)
　…大1枚 (300〜350g)
　→両面をフォークで細かく刺し、
　　7〜8個に切り分ける

A ┌ 塩・砂糖…各3g
　└ 水…100㎖

B ┌ しょうゆ・片栗粉
　│　　…各大さじ½
　│ しょうが・にんにく
　│　(各すりおろし)…各小さじ1
　└ 粗びき黒こしょう…少々

C ┌ 片栗粉…大さじ3
　└ 小麦粉…大さじ2

揚げ油…適量

(作り方)

1 ポリ袋に鶏肉とAを入れてよく
もみ込み、1時間ほどおく (**a**)。
水けをきり、Bを加えて1分ほ
どしっかりもみ込み、Cをまん
べんなくまぶす。

2 鍋に揚げ油を深さ3㎝ほど入れ
て170℃に熱し、**1**を片面2分
ずつ揚げて (**b**) バットに移して
油をきり、そのまま2分ほどお
いて余熱で火を通す。

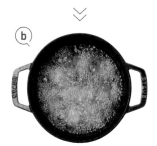

63

豚バラと玉ねぎの旨味にタレが絡んだ絶品

玉ねぎの豚バラ巻き

(材料) (2人分)

豚バラ薄切り肉…8枚

塩…小さじ⅓

粗びき黒こしょう…少々

玉ねぎ…1個
　→8等分のくし形切り

小麦粉…大さじ½

A ┌ みりん・酢…各大さじ1
　└ しょうゆ…大さじ½

ごま油…大さじ½

(作り方)

1 豚肉は塩、粗びき黒こしょうをふり、玉ねぎに巻きつけ、手でしっかりなじませてから小麦粉を薄くまぶす。

2 鍋にごま油を中火で熱し、**1**をとじ目を下にして入れて蓋をして弱めの中火で3分ほど焼きつけ (**a**)、三角形の残りの2面を蓋をしないでそれぞれ3分ずつ焼く。

3 **A**を加えて絡めるように焼く (**b**)。サラダ菜や水菜を敷いて盛りつけても。

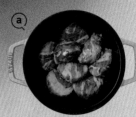
(a)

(b)

えびの旨味を吸ったパン粉もおいしい！

殻つきガーリックシュリンプ

〔 材料 〕（2人分）

えび（殻つき）
　… 10尾（150〜200g）
片栗粉・小麦粉…各大さじ2
じゃがいも … 1個（130g）
　→きれいに洗い、皮ごと8等分
　　の乱切り
にんにく…2かけ
　→半分に切って芽があったら
　　取り除き、つぶす
A ┌ パン粉…½カップ
　│ パプリカパウダー…小さじ1
　│ 赤唐辛子（輪切り）…½本分
　└ 塩…小さじ½
揚げ油…適量
オリーブオイル…大さじ2
パセリ（みじん切り）…適量

〔 作り方 〕

1 えびはとがった尾を取り除き（**a**）、殻の
上部⅔にキッチンばさみで切り目を入
れる。背ワタを取り除き、ボウルに入れ
て片栗粉を加え、軽くもみ込む。流水で
洗い、ペーパータオルで水けをしっかり
拭き取り、小麦粉を薄くまぶす。

2 鍋に揚げ油を深さ2cmほど入れて170℃
に熱し、じゃがいもを入れてひっくり返
しながら2〜3分揚げ、**1**を加えて同様
にさらに2〜3分揚げて取り出す（**b**）。

3 鍋の揚げ油を取り除き、オリーブオイル
とにんにくを入れて弱めの中火で香りが
出るまで炒める。**A**を加えて1分ほど炒め、
2を加えて2〜3分絡めるように炒める。
器に盛り、パセリを散らす。

ふんわりささみの中身がジューシー

野菜とささみのロール串揚げ

（ 材料 ）(2人分)

鶏ささみ…6本

塩・粗びき黒こしょう…各少々

ミニトマト…4個

ズッキーニ…3cm

　　→縦に4等分に切る

さけるタイプのチーズ…1本

　　→4等分に切る

A ［ 小麦粉…適量
　　溶き卵…1個分
　　牛乳…大さじ1 ］

パン粉(細びき)…適量

揚げ油…適量

[ソース]

A ［ 中濃ソース…大さじ2
　　粒マスタード…小さじ1 ］

B ［ トマトケチャップ…大さじ2
　　ポン酢しょうゆ…大さじ2 ］

（ 作り方 ）

1 ささみはペーパータオルで水けを拭き取り、厚みを半分に切り (**a**)、切った面に塩、こしょうをふる。

2 ミニトマト、ズッキーニ、さけるチーズを**1**でひとつひとつ包んで手でなじませ、とじ目に竹串を刺す。よく混ぜた**A**をつけ、パン粉をつける (**b**)。

3 鍋に揚げ油を深さ3cmほど入れて170℃に熱し、**2**をそれぞれ3〜4分揚げる (**c**)。混ぜ合わせた2種のソースを添える。

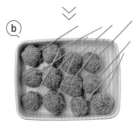

ふんわりとサクサクの食感が楽しい

白身魚と長いものフリット

(材料) (2人分)

白身魚 (たら、鯛などの切り身)…2切れ
　→水けを拭き取り、3等分に切る
A 「 塩・ドライバジル…各小さじ⅓
　　粗びき黒こしょう…少々
長いも…5cm (100g) →縦8等分に切る
塩・粗びき黒こしょう…各少々
B 「 小麦粉…50g
　　炭酸水 (ビールでも可)…80㎖
　　塩…少々
揚げ油 (オリーブオイルでも可)…適量
[タルタルソース]
ゆで卵 (みじん切り)…2個
らっきょう (みじん切り)…3個
マヨネーズ…大さじ3
塩…小さじ¼
粗びき黒こしょう…少々

(作り方)

1 白身魚は**A**をふる。鍋に揚げ油を深さ5cmほど入れて180℃に熱し、長いもを素揚げして取り出し (**a**)、塩、粗びき黒こしょうをふる。

2 白身魚を**B**の衣にくぐらせて、2回に分けて入れ、片面1分30秒ずつ揚げ (**b**)、油をきる。

3 器に**2**を盛り、混ぜ合わせたタルタルソースを添える。お好みでレモン、あら塩を添えても。

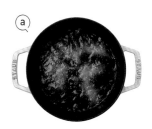

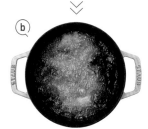

作っておくと毎日の
おかずに大活躍の
常備菜レシピ

野菜たっぷりミートソース

キャベツとセロリの
シュークルート風

ラタトゥイユ

野菜たっぷりミートソース

ひき肉がふんわり仕上がる

(材料) (作りやすい分量)

合いびき肉… 400g
にんじん… ½本(75g)　→みじん切り
玉ねぎ… 1個　→みじん切り
ピーマン… 3個　→みじん切り
にんにく… 2かけ
　→芽があったら取り除き、薄切り
マッシュルーム缶… 90g(固形50g)
```
A ┌ トマト水煮缶(カット)… 1缶
  │ トマトケチャップ・中濃ソース… 各大さじ3
  │ ローリエ… 1枚
  │ 塩… 小さじ1
  └ 粗びき黒こしょう… 少々
```
オリーブオイル… 大さじ1

(作り方)

1 鍋にオリーブオイルを中火で熱し、ひき肉を色が変わるまで炒め、にんじん、玉ねぎ、にんにくを加え、全体に油が回るまで炒める。

2 A、マッシュルーム缶を汁ごと加えて混ぜながら煮立たせ、蓋をして弱火で10分ほど煮込む。火を止めてそのまま10分ほどおく。水分が多ければ、強めの中火で2～3分水分を飛ばす。ピーマンを加えて混ぜる。

キャベツとセロリのシュークルート風

ベーコンの旨味がキャベツにしみる

(材料) (作りやすい分量)

キャベツ… ½個(700g)　→5mm幅のせん切り
セロリ… 1本　→縦半分に切り、斜め極薄切り
ベーコン(厚切り)… 50g
　→5mm幅に切る
```
A ┌ ローリエ… 1枚
  │ 酢… 大さじ2
  │ 白ワイン(酒でも可)… 大さじ2
  └ はちみつ… 大さじ1
```
塩… 小さじ1
粗びき黒こしょう… 少々

(作り方)

1 鍋にそれぞれ半量のキャベツ、セロリ、ベーコン、塩、粗びき黒こしょうを順に入れ、残りの半量も同様に入れる。

2 Aを加え、蓋をして弱めの中火で10分ほど煮込む。火を止めてよく混ぜ、蓋をしてそのまま20分ほどおく。

ラタトゥイユ

蒸し煮で野菜の旨味を凝縮

(材料) (作りやすい分量)

なす… 2本
　→縦4等分、横半分に切り、
　水にさらしてアクを抜き、水けをきる
ズッキーニ… 1本　→縦4等分、横3等分に切る
パプリカ… 1個　→大きめの乱切り
セロリ… ½本　→縦半分に切り、斜め薄切り
にんにく… 1かけ　→芽があったら取り除き、薄切り
```
A ┌ トマト水煮缶(ホール)… ⅓缶
  │ ローリエ… 1枚
  └ 塩… 小さじ1
```
オリーブオイル… 大さじ2

(作り方)

1 鍋にオリーブオイルを中火で熱し、なすとズッキーニを1分ほど炒め、パプリカ、セロリ、にんにくを加え、全体に油が回るように1分ほど炒める。

2 Aを加えて煮立ったら蓋をして中火で3分ほど煮る。一度全体をひっくり返してさらに3分ほど煮る。火を止めてそのまま10分ほどおく。水分が多ければ、強火で2～3分水分を飛ばす。

かぼちゃとひよこ豆の
アジアンサラダ

ひじきと油揚げの煮物

ちくわと根菜の煮物

きのことあさりのマリネ

ほっこりかぼちゃによく味がなじむ

かぼちゃとひよこ豆の
アジアンサラダ

（ 材料 ）（作りやすい分量）

かぼちゃ…¼個（400g）
　→皮の硬いところをそぎ落とし、一口大に切る

A ┌ ひよこ豆（水煮）…100g
　│ にんにく…1かけ
　│　→芽があったら取り除き、たたいてつぶす
　│ 赤唐辛子（輪切り）…½本分
　│ 酒…大さじ2
　└ 塩…小さじ½
B ┌ はちみつ・オリーブオイル…各大さじ1
粗びき黒こしょう…少々

（ 作り方 ）

鍋にかぼちゃを皮を下にして入れ、**A**を加え、蓋をして弱めの中火で10分ほど煮る。火を止めてそのまま5分ほどおき、**B**を回しかけ、粗びき黒こしょうをふり、よく混ぜる。

あさりの旨味がきのこにしみて美味！

きのことあさりのマリネ

（ 材料 ）（作りやすい分量）

きのこ（しめじ、しいたけ、エリンギなど）…400g
　→しめじは大きめにほぐす
　→しいたけは石づきを落として縦2等分に切る
　→エリンギは縦4等分、横半分に切る
あさり缶（水煮）…1缶（130g／固形65g）
レモン…½個　→5mm幅の輪切りを1枚作り、残りは搾る
にんにく…2かけ　→芽があったら取り除き、薄切り

A ┌ 赤唐辛子（輪切り）…1本分
　│ ローリエ…1枚
　│ 白ワイン（酒でも可）…50mℓ
　│ 塩…小さじ1
　└ 粗びき黒こしょう…少々
オリーブオイル…大さじ2

（ 作り方 ）

鍋にきのこ、にんにく、あさり缶を汁ごと入れ、**A**を加えて中火にかけ、煮立ったら蓋をして中火で5分ほど加熱する。蓋を取り、オリーブオイル、レモンの輪切りを加え、混ぜながら強めの中火で2〜3分炒め、レモン汁を加えてひと混ぜする。

ひじきもふわっとやわらかく

ひじきと油揚げの煮物

（ 材料 ）（作りやすい分量）

長ひじき…20g
　→ぬるま湯で戻し、水を2〜3回替えながら
　　よく洗い、水けをしっかりきる
干ししいたけ（スライス）…5g
　→ぬるま湯300mℓに浸けておく
にんじん…⅔本（100g）　→3cm幅の短冊切り
しらたき（アク抜き済み）…1袋（180g）
　→さっと洗って水けをきり、ざく切り
油揚げ…2枚　→熱湯を回しかけ、水けを絞り、
　　縦半分、横7mm幅に切る
A ┌ しょうゆ…大さじ2½
　└ 砂糖…大さじ2
ごま油…大さじ½

（ 作り方 ）

鍋にごま油を中火で熱し、長ひじき、にんじん、しらたきの順に炒める。**A**、干ししいたけを戻し汁ごと加え、油揚げをのせて煮立たせ、落とし蓋をしてから蓋をして弱めの中火で10分ほど煮込む。火を止めてそのまま15分ほどおく。お好みで白いりごまをふっても。

根菜にもしっかり味がしみ込む

ちくわと根菜の煮物

（ 材料 ）（作りやすい分量）

にんじん…1本（150g）　→1cm角に切る
たけのこ（水煮）…1本（200g）
　→1cm角に切る
しいたけ…4個　→1cm角に切る
ちくわ…2本　→5mm幅の輪切り
刻み昆布…5g
みりん…大さじ3
しょうゆ…大さじ1
塩…小さじ⅓

（ 作り方 ）

鍋に全ての材料と水300mℓ（分量外）を入れて中火にかけ、煮立ったら落とし蓋をしてから蓋をして弱めの中火で7分ほど煮る。火を止めてそのまま10分ほどおき、よく混ぜ、粗熱を取る。

ずっと長持ち！
ストウブのお手入れ

憧れのストウブを手に入れたら、長く大切に使いたいもの。
初めて使う前のシーズニングと焦げつきの落とし方を見ていきましょう。

鍋肌に油を塗って
シーズニングを

ストウブを初めて使う前に、お湯と中性洗剤で洗って乾かし、サラダ油や米油などの植物性油をペーパータオルにつけて、内側のザラザラの部分、フチ、蓋裏の突起部分になじませましょう。そのあと、弱火で3～4分加熱して、しっかり冷ましたらペーパータオルで油を拭き取ります。油を塗るときはハケを使うのも便利です。

焦げてしまったときは
重曹＆中性洗剤で

ついうっかり焦がしてしまったときは、重曹を用意しましょう。鍋に水を入れ、重曹を鍋底全体に広げます。そのあと弱火にかけ、水が沸騰して重曹が溶けて透明になったら火を止め、焦げをやさしくこすっておき、鍋が冷めたら、中性洗剤で洗って乾かしましょう。焦げを落としたあとは、シーズニングをしておくのがおすすめです。

3

材料を入れたら、
あとはほったらかしの

汁物・スープ

材料を入れたあとは、ストウブにおまかせ。
蓋をして弱めの中火でしばらく煮れば、鍋が食材の旨味を引き出して
外に逃さず、旨味たっぷりのほったらかしスープの完成です。

ほったらかしの
和の汁物・スープ

滋味深い和の汁物もストウブに
おまかせ。食材の旨味を凝縮するから、
だしがなくてもおいしい。

豚汁

野菜の旨味を存分に引き出す

材料 （2人分）

豚バラ薄切り肉… 100g
　→3cm幅に切る
大根… 200g
　→5mm幅のいちょう切り
にんじん… ½本 (75g)
　→5mm幅の半月切り
ごぼう… ⅓本 (70g)
　→皮をこそげ落として
　斜め薄切りにし、水にさらして
　アクを抜き、水けをきる
油揚げ… 1枚
　→熱湯を回しかけ、水けを絞り、
　縦半分、横1.5cm幅に切る
酒… 50mℓ
みそ… 大さじ2½
小ねぎ (小口切り)… 3本分
七味唐辛子… 適宜

作り方

1 湯を沸かし、豚肉を湯通ししてザルにあげ、湯をきる。鍋に豚肉、大根、にんじん、ごぼうを入れ、酒、水400mℓ（分量外）を加え、アクを取りながら中火で煮立たせる (a)。

2 油揚げ、みそ大さじ½を加え (b)、蓋をして弱めの中火で7分ほど煮る。火を止めてそのまま10分ほどおく。

3 みそ大さじ2を溶き入れ (c)、器に盛り、小ねぎを散らす。お好みで七味唐辛子をふる。

牛肉のコクが野菜にしみ渡る

芋煮汁

材料 (2人分)

牛切り落とし肉… 150g
　→食べやすい大きさに切る
里いも… 250g
　→一口大の乱切り
しいたけ… 4個
　→石づきを落とし、縦に十字に切る
まいたけ… 1パック
　→食べやすく裂く
長ねぎ… 1本
　→白い部分は1cm幅の斜め切り、
　　青い部分は薄い小口切り
みそ… 大さじ2½
酒… 50㎖
ごま油… 大さじ½
七味唐辛子… 適宜

作り方

1 鍋にごま油を中火で熱していったん火から下ろし、牛肉を入れて全体に油を絡めてから火に戻し、色が変わるまで炒める (**a**)。

2 里いも、きのこ、長ねぎの白い部分、酒、水400㎖（分量外）を加え (**b**)、アクを取りながら煮立たせ、みそ大さじ½を溶き入れる。蓋をして弱めの中火で7分ほど煮込み、火を止めてそのまま10分ほどおく。

3 みそ大さじ2を溶き入れ (**c**)、器に盛り、長ねぎの青い部分をのせる。お好みで七味唐辛子をふる。

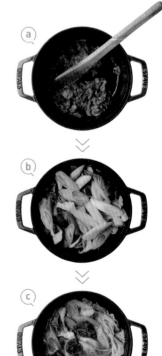

根菜と鶏ひき肉のみそシチュー

（ 材料 ）（2人分）

A ┌ 鶏ひき肉… 200g
  │ みそ… 大さじ½
  └ しょうが（すりおろし）… 小さじ½

ごぼう… ½本（100g）
　→皮をこそげ落とし、一口大の乱切りにし、
　水にさらしてアクを抜き、水けをきる

れんこん… 100g
　→一口大の乱切りにし、水にさらして
　アクを抜き、水けをきる

にんじん… ½本（75g）　→小さめの乱切り

長ねぎ… 1本
　→白い部分は2cm長さに切り、
　青い部分は薄い小口切り

酒… 50㎖

B ┌ みそ… 大さじ1
  │ 調製豆乳… 200㎖
  └ 小麦粉… 大さじ2

（ 作り方 ）

1 Aはよく混ぜておく。鍋にご
ぼう、れんこん、にんじん、
長ねぎの白い部分、酒、水
150㎖（分量外）を入れて中
火にかける（**a**）。

2 煮立ったらAをスプーンで一
口大にすくって加える（**b**）。
再び煮立ったら蓋をして弱め
の中火で10分ほど煮込み、
火を止めてそのまま10分ほ
どおく。

3 よく混ぜたBを加え（**c**）、弱
めの中火で混ぜながらとろみ
をつける。器に盛り、長ねぎ
の青い部分をのせる。

肉がやわらか！ 汁まで飲める

ゴロッと治部煮汁

（ 材料 ） **（2人分）**

鶏もも肉…大1枚 (300〜350g)
　→水けを拭き取り、余分な脂を
　　取り除いて6等分に切る
片栗粉…大さじ2
しいたけ…4個
　→石づきを落とし、半分に切る
長ねぎ…1本→白い部分は4cm長さに切り、
　青い部分は薄い小口切り
焼き豆腐（木綿豆腐でも可）…½丁 (175g)
　→ザルにあげて水けをきり、4等分に切る
A ┌ 削り節…3g
　│ しょうゆ…大さじ2
　└ 酒…50㎖
塩…少々
サラダ油…小さじ1
わさび…適宜

（ 作り方 ）

1 鶏肉は片栗粉をしっかりまぶす。
鍋にサラダ油を中火で熱し、長
ねぎの白い部分を焼き色がつく
まで2〜3分焼く（**a**）。

2 A、水200㎖（分量外）を加え
て煮立たせ、鶏肉を皮目を下に
して入れ、豆腐、しいたけの順
に加える（**b**）。再び煮立ったら
蓋をして弱めの中火で10分ほ
ど煮る。

3 塩で味をととのえ（**c**）、器に盛
り、長ねぎの青い部分をのせる。
お好みでわさびを添える。

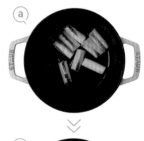

春菊がアクセントの旨味たっぷりスープ

厚揚げと春菊のスープ

（ 材料 ） (2人分)

絹揚げ（厚揚げ）… 1枚（200g）
　　→水けを拭き取り、9等分の角切り
春菊…½袋（75g）
　　→茎は1㎝幅、葉は2㎝幅に切る
切り干し大根… 10g
　　→もみ洗いして水けを
　　　しっかり絞り、ざく切り
桜えび（乾燥）… 2g

A
　　塩昆布… 5g
　　酒… 50㎖
　　ナンプラー… 大さじ1
　　水… 400㎖
ごま油… 小さじ1

（ 作り方 ）

1 鍋にごま油を中火で熱し、桜えび
を1分ほど炒める（**a**）。

2 A、絹揚げ、切り干し大根を加え
（**b**）、煮立ったら蓋をして弱めの
中火で3分ほど煮る。火を止めて
そのまま5分ほどおく。

3 春菊を加え（**c**）、ひと混ぜする。

ほったらかしの
洋のスープ

たくさんの具材をじっくり煮込む
スープやシチューも、優れた熱伝導と
保温性で極上のおいしさに。

ゴロッとカリフラワーの クラムチャウダー

あさりの旨味が濃厚なごちそうスープ

材料 (2人分)

カリフラワー…½個 (200g)
　→大きめの一口大に切る
長ねぎ…1本
　→1.5cm幅に切る
ベーコン (厚切り)…50g
　→1cm幅に切る
あさり缶 (水煮)
　…1缶 (130g／固形65g)
A ［ ローリエ…1枚
　　 塩…小さじ⅔
　　 水…150㎖ ］
B ［ 牛乳…200㎖
　　 片栗粉…大さじ1 ］
バター…10g
粗びき黒こしょう…少々

作り方

1 鍋にカリフラワー、長ねぎ、ベーコン、あさり缶を汁ごと入れ、**A**を加え (**a**)、中火にかけて煮立ったら蓋をして弱めの中火で5分ほど煮る。

2 よく混ぜた**B**を加えて混ぜながらとろみをつける (**b**)。

3 バター、粗びき黒こしょうを加えて (**c**) ひと混ぜする。

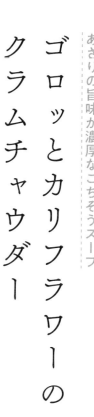

野菜も豆もとれる満足の一品

たっぷり野菜のスープ

（ 材料 ）**(2人分)**

豚バラ薄切り肉…100g
　→3㎝幅に切る
にんじん…⅔本（100g）
　→小さめの乱切り
じゃがいも … 1個（130g）
　→1.5㎝角のさいの目切り
玉ねぎ…½個　→2㎝四方に切る

A
┌ 大豆（水煮）…100g
├ ローリエ…1枚
├ 塩…小さじ⅔
└ 水…400㎖

粗びき黒こしょう…少々
バター…10g
オリーブオイル…大さじ½
パセリ（あれば／みじん切り）…少々

（ 作り方 ）

1 鍋にオリーブオイルを中火で熱し、いったん火から下ろし、豚肉を入れて全体に油を絡めて火に戻す。色が変わるまで2分ほど炒め、にんじん、じゃがいも、玉ねぎを加え、全体に油が回るまで炒める（**a**）。

2 Aを加えて煮立たせ（**b**）、蓋をして弱めの中火で10分ほど煮る。火を止めてそのまま5分ほどおく。

3 粗びき黒こしょうをふり、バターを加えて（**c**）ひと混ぜする。器に盛り、あればパセリを散らす。

だし代わりの野菜の旨味がたっぷり

半熟卵のスープカレー

（ 材料 ）（2人分）

ゆで卵（沸騰した湯に少量の酢を加えて
　6分ゆで、流水にさらす）… 2個

鶏もも肉… 大1枚（300〜350g）
　→水けを拭き取り、厚みを均一に開き、
　余分な脂を取り除き、6等分に切る

小麦粉… 大さじ1½

かぼちゃ… 200g　→縦4等分に切る

玉ねぎ… ½個　→3等分のくし形切り

ミニトマト… 6個　→竹串で穴をあける

A ┌ カレー粉… 大さじ1
　│ しょうが・にんにく（各すりおろし）
　│ 　…各小さじ1

B ┌ トマトケチャップ… 大さじ3
　│ 中濃ソース… 大さじ2
　│ ローリエ… 1枚
　└ 水… 300㎖

削り節… 3g

塩… 小さじ½

粗びき黒こしょう… 適量

オリーブオイル… 大さじ1

ごはん… 2人分

（ 作り方 ）

1 鶏肉は塩小さじ¼、粗びき黒
こしょう少々、小麦粉をふる。
鍋にオリーブオイルを中火で熱
し、鶏肉を皮目から2分ほど焼
き、ひっくり返す。かぼちゃと
玉ねぎを加えて全体に油が回る
まで炒める（**a**）。

2 **A**、塩小さじ¼を加え、香りが
立つまで炒める（**b**）。**B**を加え
て煮立たせ（**c**）、ミニトマトを
加えて蓋をして弱めの中火で7
分ほど煮る。火を止めてそのま
ま5分ほどおく。

3 粗びき黒こしょう少々を加え、
器に盛り、削り節をのせてゆで
卵を添える。別の器にごはんを
盛る。

牛肉とトマトの旨味でシンプルながら深い味わい

牛肉とトマトのスープ

（　材料　）(2人分)

牛切り落とし肉… 150g
　　→食べやすい大きさに切る
トマト… 2個 (300g)
　　→一口大の乱切り
セロリ… ½本
　　→茎は斜め薄切り、葉はせん切り
にんにく… 1かけ
　　→芽があったら取り除き、薄切り

A ┌ ローリエ… 1枚
　│ 白ワイン (酒でも可)… 大さじ2
　│ 塩… 小さじ1
　└ 水… 300㎖

粗びき黒こしょう… 少々
オリーブオイル… 大さじ½

（　作り方　）

1 鍋にオリーブオイルを中火で熱し、いったん火から下ろし、牛肉を入れて全体に油を絡めて火に戻し、色が変わるまで炒める。セロリの茎、にんにくを加えて2～3分炒める (**a**)。

2 トマト½量、**A**を加え、アクを取りながら煮立たせ (**b**)、蓋をして弱めの中火で3分ほど煮る。

3 残りのトマト、粗びき黒こしょうを加え (**c**)、ひと煮立ちさせる。器に盛り、セロリの葉をのせる。

蒸したかきがふっくら仕上がる

かきとかぶのクリームスープ

（ 材料 ） （2人分）

かき… 10個（約150g）
　→塩水（3％濃度）でひだの中まで
　きれいに洗い、水けをしっかり拭き取る
かぶ… 2個
　→茎を2cm残して6等分に切り、水に
　10分ほど浸けて茎の根元の汚れを
　落とし、残りの茎と葉は1cm幅に切る
玉ねぎ… ½個
　→1cm幅のくし形切り

A ［ ローリエ… 1枚
　　白ワイン（酒でも可）… 大さじ2

B ［ 牛乳… 200㎖
　　小麦粉… 大さじ1

塩… 小さじ½
粗びき黒こしょう… 少々
オリーブオイル… 大さじ½

（ 作り方 ）

1 鍋にかき、**A**を入れて中火にか
け、煮立ったら蓋をして弱めの
中火で1分ほど蒸し（**a**）、かき
をいったん取り出す。

2 かぶ、玉ねぎ、水100㎖（分
量外）、塩を入れて（**b**）煮立っ
たら蓋をして弱めの中火で3分
ほど煮る。

3 かきを戻し入れ、よく混ぜた**B**
を加え、沸騰直前まで中火で混
ぜながらとろみをつけ、弱めの
中火にして2〜3分煮込む。か
ぶの茎と葉、粗びき黒こしょう
を加え（**c**）、ひと混ぜし、オリ
ーブオイルを回しかける。

ほったらかしの
アジアンスープ

肉の旨味を充分に引き出したスープを
ベースに、野菜をたっぷり加えた
アジアンスープも楽しんで。

鶏肉と白菜の春雨スープ

旨味を吸った春雨をスープと一緒に

材料 （作りやすい分量）

鶏もも肉…大1枚（300〜350g）
　→水けを拭き取り、余分な脂を
　取り除いて一口大に切る
白菜…1/8個（250g）
　→長さを3等分に切り、
　縦1cm幅に切る
春雨（乾燥）…30g
長ねぎ…1/2本　→斜め薄切り
しょうが…1かけ
　→細いせん切り
A ┌ 酒…大さじ2
　├ 塩…小さじ1
　└ 水…400ml
粗びき黒こしょう…少々
ごま油…大さじ1

作り方

1 鍋にごま油小さじ2を中火で熱し、鶏肉を皮目から2分ほど焼き、ひっくり返して白菜、長ねぎ、Aを加える（a）。煮立ったら蓋をして5分ほど煮て春雨を加え、スープに浸す。蓋をして火を止めてそのまま5分ほどおく。

2 しょうが、粗びき黒こしょう、ごま油小さじ1を加え（b）、ひと混ぜする。

玉ねぎの旨味が隠し味

ゴロッと大根と豚肉のスープ

〔 材料 〕**（2人分）**

豚バラしゃぶしゃぶ用肉…150g
　→4cm幅に切る
大根…200g
　→一口大の乱切り
玉ねぎ…½個
　→一口大の乱切り

A
酒…大さじ2
オイスターソース…大さじ1
塩…小さじ⅔
水…400㎖

粗びき黒こしょう…少々
ごま油…大さじ½

〔 作り方 〕

1 鍋にごま油を中火で熱していった
ん火から下ろし、豚肉を入れ、全
体に油を絡めて火に戻す。色が変
わるまで炒め、大根を加えて2分
ほど炒める（**a**）。

2 玉ねぎ、**A**を加え、アクを取りな
がら煮立たせ（**b**）、蓋をして弱め
の中火で7分ほど煮込み、火を止
めてそのまま10分ほどおく。

3 粗びき黒こしょうをふり（**c**）、ひ
と混ぜする。

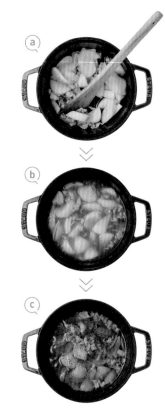

たっぷり野菜にふっくらもち麦も加えて

もち麦のクッパスープ

（ 材料 ）（2人分）

牛切り落とし肉… 150g
　　→食べやすい大きさに切る
大根… 150g　→短冊切り
にんじん… 50g　→短冊切り
しいたけ… 3個
　　→石づきを落とし、軸はせん切り、
　　かさは薄切り
にら… 3本　→4cm長さに切る
にんにく… 1かけ
　　→芽があったら取り除き、薄切り
　　┌ もち麦… 50g
　　│ 酒… 大さじ2
A　│ 鶏がらスープの素… 大さじ½
　　│ 塩… 小さじ½
　　└ 水… 400ml
しょうゆ… 小さじ1
粗びき黒こしょう… 少々
ごま油… 大さじ½

（ 作り方 ）

1 鍋にごま油を中火で熱していった
　ん火から下ろし、牛肉を入れ、全
　体に油を絡めてから火に戻し、大
　根、にんじん、にんにくを加えて
　1〜2分炒める（a）。

2 しいたけ、Aを加えてアクを取り
　ながら煮立たせ（b）、蓋をして弱
　めの中火で15分ほど煮る。火を
　止めてそのまま10分ほどおく。

3 にら、しょうゆを加えて（c）ひと
　混ぜし、粗びき黒こしょうをふる。

酢が効いてコクがあるのにさっぱり

長いもの酸辣湯

（ 材料 ）**（2人分）**

豚ひき肉… 150g
しょうゆ… 大さじ½
長いも… 150g　→さいの目切り
もやし… 1袋（200g）

A ┌ 酢・酒…各大さじ2
　│ しょうゆ…大さじ1
　│ 塩…小さじ⅔
　└ 水…400㎖

片栗粉…大さじ1
小ねぎ（小口切り）… 5本分
粗びき黒こしょう…適量
ごま油…小さじ1

（ 作り方 ）

1 ひき肉はしょうゆ、粗びき黒こしょう少々、片栗粉小さじ1をよく混ぜておく。

2 鍋に長いも、もやし、**A**を入れて中火で煮立たせ（**a**）、**1**をスプーンですくって入れる（**b**）。アクを取りながら再度煮立たせ、蓋をして弱めの中火で3分ほど煮る。火を止めてそのまま5分ほどおく。

3 片栗粉小さじ2を水大さじ1で溶き、**2**に加えて中火でとろみがつくまで混ぜる（**c**）。器に盛り、小ねぎ、粗びき黒こしょう少々をふり、ごま油を回しかける。

骨つき肉の旨味がじゃがいもにしみる

カムジャタン風スープ

(材料)（2人分）

豚スペアリブ… 4本（300〜400g）
　　→肉の面に横に1本切り目を入れる
塩…小さじ¼
粗びき黒こしょう…少々
じゃがいも… 3個（130g×3）
　　→半分に切る
長ねぎ… 1本　→1cm幅の斜め切り
にんにく… 1かけ
　　→芽があったら取り除き、薄切り
A ┌ コチュジャン…大さじ2〜3
　├ みそ・酒…各大さじ2
　└ 水…300㎖
ごま油…大さじ½

(作り方)

1 スペアリブは塩、粗びき黒こしょうをなじませ、鍋にごま油を中火で熱して2分ほど焼きつけ、ひっくり返す（**a**）。

2 じゃがいも、長ねぎ、にんにくの順に入れ、**A**を加えて煮立たせ（**b**）、蓋をして弱めの中火で7分ほど煮る。

3 火を止めてそのまま5分ほどおく（**c**）。

冷めてもおいしい
ごはんの炊き方

ストウブで炊くごはんは、ふっくら、もちもちで本当においしい！
まずは、基本の白ごはんと玄米ごはんの炊き方をマスターしましょう。

白ごはんの
炊き方

白米2合は、洗米してザルにあげ、水けをしっかりきって鍋に入れ、水380㎖を加えて30分ほど浸水する。蓋をしないで中火にかけ、煮立ったら鍋底から返すように2〜3回混ぜ、蓋をして2分、弱火にして10分加熱し、火を止めて10分蒸らす。蓋を開け、鍋底から空気を入れるようにほぐす。

※炊き込みごはんは弱火で15分加熱し、火を止めて15分蒸らす。

玄米ごはんの
炊き方

玄米2合は、洗米してザルにあげ、水けをしっかりきって鍋に入れ、水500㎖を加えて一晩おく。蓋をしないで中火にかけ、煮立ったら鍋底から返すように2〜3回混ぜ、蓋をして3分、弱火にして30分加熱し、火を止めて30分蒸らす。蓋を開け、鍋底から空気を入れるようにほぐす。

PART
4

ふっくら、もちもち
おいしい

ごはん＆パスタ

ストウブの優れた熱伝導と保温性で、
ゆっくり温度が上がる間にしっかり吸水され、火を止めたあとも
鍋の中は一定の温度が保たれ、もちもちに仕上がります。

ふっくら
炊き込みごはん

食材の水分が対流するので、旨味が
ギュッと凝縮され、ごはんももちもち、
ふっくらな仕上がりに。

カオマンガイ

材料 (2人分)

米…2合
　→洗ってザルにあげ、
　　水けをきる
鶏むね肉…小1枚(200〜250g)
　→水けを拭き取り、フォークで
　　両面をまんべんなく刺す
にんじん…½本(75g)
　→細いせん切り
セロリ…½本
　→茎は縦半分にして
　　斜め極薄切り
しょうが(すりおろし)…小さじ1
ナンプラー…大さじ1
塩…適量
粗びき黒こしょう…少々
パクチー…適量
[タレ]
スイートチリソース・水
　…各大さじ2
パクチーの茎(みじん切り)・
ナンプラー…各大さじ1

作り方

1 鍋に米を入れ、水380㎖(分量外)を加えて30分ほど浸水させる。鶏肉は塩小さじ½、しょうがをもみ込む。にんじん、セロリの茎はポリ袋に塩小さじ¼と一緒に入れてまぶし、10分ほどおいて水けを絞る。

2 **1**の鍋にナンプラーを加えて鶏肉を皮目を上にしてのせ、中火にかけて煮立ったら鶏肉をいったん取り出す。米を鍋底から返すように3〜4回混ぜ(**a**)、鶏肉を戻し入れ、セロリの葉をのせる(**b**)。蓋をして中火で2分、弱火で15分加熱する。火を止め、そのまま15分おく。

3 **2**の鶏肉とセロリの葉を取り出し、にんじん、セロリの茎、粗びき黒こしょうを加えてよく混ぜる(**c**)。鶏肉は粗熱が取れたら7㎜幅のそぎ切りにする。器にごはんを盛り、鶏肉、パクチーをのせ、よく混ぜたタレを添える。

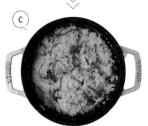

梅干しの酸味を効かせて

薬味たっぷり
たこのさっぱり炊き込みごはん

（　材料　）(2人分)

米…2合
　　→洗ってザルにあげ、水けをきる
ゆでだこ…150g　→5mm幅の薄切り
梅干し（塩分10％）…2〜3個（30g）
しょうが…½かけ　→せん切りにし、
　　さっと水にさらして水けをきる
酒…大さじ2
塩…小さじ½
［薬味］
みょうが…1個
　　→縦半分に切り、縦に細切り
青じそ…5枚
　　→縦半分に切り、横に細いせん切り
小ねぎ…3本　→小口切り
白いりごま…大さじ1

（　作り方　）

1 鍋に米を入れ、水380ml（分量外）
を加えて30分ほど浸水させる。
塩を加えて混ぜ、たこ、梅干しを
のせて酒を回しかける（**a**）。

2 中火にかけ、煮立ったらヘラで鍋
底から返すように3〜4回混ぜ（**b**）、
蓋をして中火で2分、弱火で15
分加熱する。火を止めてそのまま
15分おく。

3 しょうがを加え、梅干しの種を取
り除いて崩しながら混ぜる（**c**）。
器に盛り、薬味をのせる。

鮭を大きめにほぐせば、見た目も豪華に

はらこ飯

(材料) （2人分）

米… 2合
　　→洗ってザルにあげ、水けをきる
生鮭（切り身）… 2切れ（100g×2）
　　→水けを拭き取り、塩小さじ⅓を
　　ふり、魚焼きグリルで7〜8分焼く
いくら… 100g
まいたけ… 1パック　→裂く
三つ葉… 1束　→ざく切り
しょうが… 1かけ
　　→細いせん切りにし、
　　さっと水にさらして水けをきる
A ［ しょうゆ・酒…各大さじ1
しょうゆ… 小さじ1

(作り方)

1 鍋に米を入れ、水380㎖（分量外）
を加えて30分ほど浸水させる。
まいたけを加え、Aを回しかけて
中火にかけ、煮立ったらヘラで鍋
底から返すように3〜4回混ぜる。
鮭をのせて（**a**）蓋をし、中火で2
分、弱火で15分加熱する。火を
止めてそのまま15分おく。

2 鮭を取り出して大きめにほぐし、
しょうが、しょうゆを加えてざっ
くり混ぜて鮭を戻し入れる（**b**）。
器に盛り、いくら、三つ葉をのせ
る。

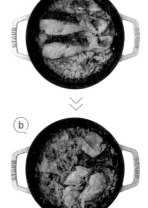

ベーコンの塩けがとうもろこしの甘味を引き立てる

とうもろこしとベーコンの炊き込みごはん

（ 材料 ）（2人分）

米…2合
　→洗ってザルにあげ、水けをきる
とうもろこし…1本
　→長さを半分に切り、実を
　そぎ落とし、芯は取っておく
ベーコン…50g　→1cm幅に切る
にんにく…1かけ
　→芽があったら取り除き、薄切り
A［しょうゆ…大さじ1
　塩…小さじ½
しょうゆ…小さじ1
バター…10g
パセリ（みじん切り）…3房分
粗びき黒こしょう…少々

（ 作り方 ）

1　鍋に米を入れ、水380㎖（分量外）を加えて30分ほど浸水させる。Aを加えて混ぜ、とうもろこしの実、ベーコン、にんにくをのせる（a）。中火にかけ、煮立ったらヘラで鍋底から返すように3〜4回混ぜ、とうもろこしの芯をのせて蓋をし、中火で2分、弱火で15分加熱する。火を止めてそのまま15分おく。

2　とうもろこしの芯を取り除き、しょうゆ、バター、パセリ、粗びき黒こしょうを加え（b）、ひと混ぜする。

しっかり味がしみた、ほっこり里いも

豚肉と里いもの
中華風炊き込みごはん

(材料) (2人分)

米…2合
　　→洗ってザルにあげ、水けをきる
豚切り落とし肉…150g
　　→2cm幅に切る
オイスターソース…大さじ1
里いも…200g
　　→1.5cm角くらいに切る
豆苗…½袋　→2cm長さに切る
しょうが…½かけ　→せん切り
A ┌ しょうゆ…大さじ1½
　└ 酒…大さじ1
ごま油…小さじ1

(作り方)

1 鍋に米を入れ、水380㎖（分量外）を加えて30分ほど浸水させる。豚肉はオイスターソースを和える。鍋に里いも、豚肉を加え、**A**をまわしかける（**a**）。中火にかけ、煮立ったらヘラで鍋底から返すように3〜4回混ぜ、蓋をして中火で2分、弱火で15分加熱する。火を止めてそのまま15分おく。

2 豆苗、しょうが、ごま油を加え（**b**）、ざっくり混ぜる。

とろとろリゾット

米を油で炒めてから、具材とスープを
加えて煮込むリゾット。とろとろ、
旨味たっぷりのおいしさに。

きのことあさりの和風リゾット

(材料) (2人分)

米…1合
あさり缶(水煮)
　…1缶(130g/固形65g)
きのこ(しめじ、しいたけなど)
　…300g
　→しめじは大きめにほぐす
　→しいたけは縦に十字に切る
長ねぎ…1本
　→白い部分は1.5cm長さに切り、
　青い部分は薄い小口切り
A [酒…50ml
　　しょうゆ…大さじ2
　　塩…小さじ⅓
　　熱湯…400ml]
ごま油…大さじ1
粉山椒…少々

(作り方)

1 鍋にごま油を中火で熱し、長ねぎ
　の白い部分、米を入れて1分ほど
　炒める(**a**)。

2 きのこを加えてさらに炒め、A、
　あさり缶を汁ごと加える(**b**)。煮
　立ったら蓋をして10分加熱し、
　火を止めてそのまま5分おく。

3 混ぜて(**c**)器に盛り、ねぎの青い
　部分、粉山椒をかける。

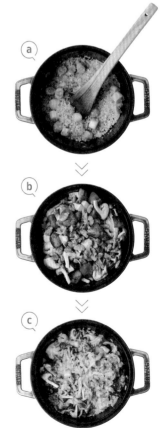

かぼちゃの甘味とベーコンの塩けがベストマッチ

かぼちゃとベーコンのチーズリゾット

（ 材料 ）（2人分）

米…1合
かぼちゃ…200g
　→1.5cm角に切る
ベーコン（厚切り）…50g
　→1cm幅に切る
　┌ 白ワイン…大さじ2
A │ 塩…小さじ⅔
　└ 熱湯…400ml
バター…10g
オリーブオイル…大さじ1
粉チーズ…適量
粗びき黒こしょう…少々

（ 作り方 ）

1 鍋にオリーブオイルを中火で熱し
てベーコンを1〜2分炒め、米と
かぼちゃを加えて1分ほど炒め、
<u>A</u>を加える（**a**）。煮立ったら蓋を
して10分加熱し、火を止めてそ
のまま5分おく。

2 バターを混ぜて（**b**）器に盛り、粉
チーズ、粗びき黒こしょうをふる。

市販ペーストを使って簡単に本格的リゾットが完成!

トムヤムクン風リゾット

(材料)（2人分）

米…1合

鶏もも肉…大1枚（300〜350g）
　→水けを拭き取り、余分な脂を
　取り除き、一口大に切る

塩…小さじ1/3

粗びき黒こしょう…少々

桜えび（乾燥）…5g

玉ねぎ…1/2個　→1cm幅のくし形切り

エリンギ…1パック
　→縦に6等分、長さを半分に切る

にんにく…1かけ　→薄切り

A 「 トムヤムペースト（市販）…大さじ2
　　熱湯…400ml

サラダ油…大さじ1

パクチー…適量

(作り方)

1 鶏肉は塩、粗びき黒こしょうをふ
る。鍋にサラダ油を中火で熱して
桜えびをさっと炒め、鶏肉、にん
にくを加えて色が変わるまで2分
ほど炒め、米を加えて1分ほど炒
める（**a**）。

2 玉ねぎ、エリンギ、**A**を加え（**b**）、
混ぜながら煮立たせる。

3 蓋をして10分加熱し、火を止め
てそのまま5分おく（**c**）。器に盛り、
パクチーをのせる。お好みでライ
ムを搾っても。

もちもちパスタ

食材の旨味を凝縮させてから、
水とパスタを加えて煮込むだけ。
もちもちのパスタがクセになります。

なすと牛肉の ラグーパスタ

ラグーは「煮込み」のこと。短時間で牛肉の旨みを引き出す

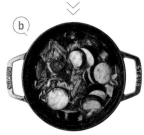

材料 (2人分)

なす… 2本
　　→1cm幅の輪切り
牛切り落とし肉… 150g
　　→食べやすい大きさに切る
長ねぎ… 1本　→斜め薄切り

A
- ショートパスタ (ゆで時間 11分のもの)… 120g
- トマト水煮缶 (ホール)… 1/2缶
- 中濃ソース… 大さじ2
- 塩… 小さじ1

バター… 10g
粗びき黒こしょう… 少々
オリーブオイル… 大さじ1
パセリ (粗みじん切り)… 2房分

作り方

1　鍋にオリーブオイルを中火で熱していったん火から下ろし、牛肉を入れて全体に油を絡める。火に戻し、長ねぎ、なすを加えて2〜3分炒める (**a**)。

2　A、パスタがかぶるくらいの水 (約350ml／分量外) を加え (**b**)、煮立ったら蓋をして5分煮込み、火を止めてそのまま5分おく。

3　バター、粗びき黒こしょうを加え、水分が多ければ、強めの中火にかけて煮詰める (**c**)。器に盛り、パセリを散らす。

サワークリームの酸味がさわやか

サーモンと長ねぎのクリームパスタ

（ 材 料 ）（2人分）

サーモン（切り身）… 2切れ
　　→水けを拭き取り、
　　3等分に切る
小麦粉…大さじ1
長ねぎ…1本　→斜め薄切り
　┌ ショートパスタ（ゆで時間
　│ 11分のもの）… 120g
A │ ローリエ… 1枚
　│ 白ワイン（酒でも可）
　└ 　 …大さじ2
サワークリーム… 100g
塩…小さじ1
粗びき黒こしょう…適量
オリーブオイル…大さじ1
ディル（あれば）…適量

（ 作 り 方 ）

1 サーモンは塩小さじ⅓、粗びき黒こしょう少々、小麦粉をふる。鍋にオリーブオイルを中火で熱し、サーモンを片面2分ずつ焼きつけて（**a**）いったん取り出す。

2 同じ鍋に長ねぎを入れてしんなりするまで炒め、A、塩小さじ⅔、パスタがかぶるくらいの水（約350㎖／分量外）を加える。煮立ったら**1**を戻し入れ（**b**）、蓋をして5分煮る。火を止めてそのまま5分おく。

3 サワークリームを加えて中火でとろみがつくまで煮込み（**c**）、粗びき黒こしょう少々をふる。器に盛り、あればディルを散らす。

ⓐ

ⓑ

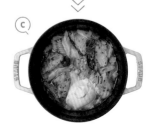
ⓒ

たっぷりねぎの甘味にゆずこしょうを効かせて

ねぎだく和風パスタ

（ 材料 ） （2人分）

豚切り落とし肉…150g
　→2cm幅に切る
塩…小さじ¼
粗びき黒こしょう…少々
長ねぎ…1½本
　→1本は1cm幅の斜め切り、
　　½本は斜め薄切り
しいたけ…4個
　→かさと軸を分けて薄切り

A ┌ ショートパスタ（ゆで時間
　│ 11分のもの）…120g
　│ 酒…大さじ1
　└ 塩…小さじ⅓

ゆずこしょう…小さじ1
ごま油…大さじ1
白いりごま…適量

（ 作り方 ）

1 豚肉は塩、粗びき黒こしょうをふる。鍋にごま油を中火で熱し、いったん火から下ろして豚肉を入れ、全体に油を絡めて火に戻す。1cm幅に切った長ねぎを加えてしんなりするまで炒める（**a**）。

2 A、しいたけ、パスタがかぶるくらいの水（約350mℓ／分量外）を加え（**b**）、煮立ったら蓋をして5分煮る。火を止めてそのまま5分おく。

3 ゆずこしょう、残りの長ねぎ（斜め薄切り）を加えてよく混ぜる（**c**）。水分が多ければ、強めの中火にかけて水分を飛ばすように炒める。器に盛り、白いりごまをふる。

おやつレシピ

オーブンがなくても、ストウブを使って
作れるおやつを3品ご紹介します。

蒸しプリン

りんごのアップサイド
ダウンケーキ

マーラーカオ

切り分けるのが楽しい！
蒸しプリン

(材 料) （2人分）

[直径15cm、高さ6cm、
容量800mℓの耐熱容器]

卵… 3個
牛乳… 300mℓ
砂糖… 40g＋50g
バニラオイル… 少々

(作 り 方)

1 カラメルを作る。小鍋に砂糖40gと水大さじ1（分量外）を入れてよく混ぜ、中火で色が濃くなって煙が出るくらいまで加熱する。火を止めて水大さじ½（分量外）を加えて（はねるので注意！）小鍋を回しながらなじませ、すぐに耐熱容器に流し入れ、底に広げる。

2 ボウルに卵を割り入れ、砂糖50gを加えて白っぽくなるまですり混ぜ、沸騰直前まで温めた牛乳をいっきに加えてよく混ぜる。バニラオイルを加えてさらに混ぜ、茶こしで2度こして**1**に注ぎ入れる。

3 鍋に小さめのふきんを敷き、一回り小さい耐熱皿をのせ、その上に**2**をのせてアルミホイルをかぶせる。熱湯を400mℓくらい注ぎ入れて蓋をして弱火で15分加熱し、そのまま30分おく。粗熱が取れたら冷蔵庫で一晩冷やす。耐熱容器の縁に沿って底までナイフを差し込み、ぐるりと一周させる。皿をかぶせ、ひっくり返して出す。

キャラメリゼでりんごがさらに甘く
りんごのアップサイド
ダウンケーキ

(材 料) （作りやすい分量）

りんご… 2個　→皮をむき、縦に12等分に切る
バター… 20g
卵… 1個
きび砂糖… 50g＋30g
A ┌ 薄力粉… 50g
　├ アーモンドプードル… 25g
　└ ベーキングパウダー… 小さじ1
溶かしバター… 30g

(作 り 方)

1 フライパンにきび砂糖50gを中火で熱し、濃い茶色になったらりんごとバター20gを加えて2〜3分絡めながら焼き、バットに取り出す。鍋の内側にバター（分量外）を塗り、底にクッキングシートを敷いて焼いたりんごを外側から隙間のないよう敷き詰める。

2 ボウルに卵ときび砂糖30gを入れ、泡立て器で白っぽくもったりするまで泡立てる。よく混ぜた**A**を加え、ゴムベラで7割くらい混ぜ、溶かしバターを加えてさらに混ぜる。

3 **1**に**2**を流し入れ、生地を平らにし、蓋をして中火で3分焼き、弱火にしてさらに20分焼く。竹串を刺して火が通っているかを確かめ、蓋を取って火から下ろし、そのまま粗熱が取れるまでおく。器にひっくり返して取り出す。

ふわふわ中華蒸しパンが簡単に！
マーラーカオ

(材 料) （作りやすい分量）

[直径15cm、高さ6cm、容量800mℓの耐熱容器]

A ┌ 薄力粉… 50g
　└ ベーキングパウダー… 小さじ2
B ┌ 卵… 1個
　├ きび砂糖… 40g
　├ 牛乳… 大さじ1½
　├ 練乳… 大さじ1
　├ しょうゆ… 少々
　└ サラダ油… 大さじ1½
白いりごま… 小さじ½

(作 り 方)

1 **A**はよく混ぜておく。耐熱容器にサラダ油（分量外）を塗り、底にクッキングシートを敷いておく。

2 ボウルに**B**を順に入れてそのつど泡立て器でよく混ぜ、**A**を加えてやさしく混ぜる。耐熱容器に流し入れ、ごまをふる。

3 鍋に小さめのふきんを敷き、一回り小さい耐熱皿をのせ、その上に**2**をのせてアルミホイルをかぶせる。熱湯を300mℓくらい注ぎ入れ、蓋をして弱めの中火で15分蒸し、熱湯を100mℓ足してさらに15〜25分蒸す。竹串を刺して仕上がりを確かめる。

INDEX

著者 PROFILE

上島亜紀（かみしま・あき）

料理家・フードコーディネーター＆スタイリストとしてメディアや女性誌を中心に活躍。企業のレシピ監修、提案も行う。パン講師、食育アドバイザー、ジュニア・アスリートフードマイスター取得。簡単に作れる日々の家庭料理を大切にしながら、主宰する料理教室「A's Table」では、楽しくて美しいおもてなし料理を提案。著書に『毎日食べたい はじめての米粉レシピ おかずとパンとお菓子』『まとめ買い＆使い切り！ ラクうまレシピ350』『無水調理からパンまで 何度でも作りたくなる ストウブレシピ』（以上、ナツメ社）、『女性に不足しがちな栄養がしっかりとれる 最強の献立レシピBOOK』（朝日新聞出版）、『切って並べて焼くだけ！ごちそうオーブン料理』（Gakken）などがある。

STAFF

撮影 ——————— 鈴木泰介
スタイリング ——— 花沢理恵
デザイン ———— 蓮尾真沙子 (tri)
調理アシスタント — 柴田美穂
編集協力 ———— 丸山みき (SORA企画)
編集アシスタント — 大西綾子、秋武絵美子、永野廣美 (SORA企画)
編集担当 ———— 田丸智子 (ナツメ出版企画)

道具協力
STAUB（ストウブ）
ツヴィリング J.A. ヘンケルス ジャパン
tel 0120-75-7155
https://www.zwilling.com/jp/staub/

器協力
ギャラリー帝
03-5738-8667

はじめてのストウブ
毎日のおかず80

2024 年 3 月 6 日　初版発行

著 者　上島亜紀（かみしまあき）　ⓒ Kamishima Aki,2024

発行者　田村正隆

発行所　株式会社ナツメ社
　　　　東京都千代田区神田神保町 1-52 ナツメ社ビル 1F（〒 101-0051）
　　　　電話 03-3291-1257（代表）　FAX 03-3291-5761
　　　　振替 00130-1-58661

制 作　ナツメ出版企画株式会社
　　　　東京都千代田区神田神保町 1-52 ナツメ社ビル 3F（〒 101-0051）
　　　　電話 03-3295-3921（代表）

印刷所　図書印刷株式会社

ISBN978-4-8163-7504-0

本書に関するお問い合わせは、書名・発行日・該当ページを明記の上、下記のいずれかの方法にてお送りください。電話でのお問い合わせはお受けしておりません。
●ナツメ社webサイトの問い合わせフォーム
　https://www.natsume.co.jp/contact
●FAX（03-3291-1305）
●郵送（左記、ナツメ出版企画株式会社宛て）
なお、回答までに日にちをいただく場合があります。正誤のお問い合わせ以外の書籍内容に関する解説・個別の相談は行っておりません。あらかじめご了承ください。

ナツメ社Webサイト
https://www.natsume.co.jp
書籍の最新情報（正誤情報を含む）は
ナツメ社Webサイトをご覧ください。